**体育人文译丛**

丛书主编 曹卫东
执行主编 田 慧

04

**Sportsoziologie**

Karl-Heinrich Bette

# 体育社会学

[德] 卡尔－海因里希·贝特 著
靳 晟 译

北京体育大学出版社

策划编辑　王英峰
责任编辑　邓琳娜
责任校对　孙　静
版式设计　久书鑫

北京市版权局著作权合同登记号：01-2022-1117


图书在版编目（CIP）数据

体育社会学 /（德）卡尔 - 海因里希·贝特著；靳晟译. -- 北京：北京体育大学出版社，2022.4
（体育人文译丛 / 曹卫东，田慧主编）
书名原文：Sportsoziologie
ISBN 978 - 7 - 5644 - 3628 - 5

Ⅰ.①体… Ⅱ.①卡… ②靳… Ⅲ.①体育运动社会学 Ⅳ.①G80 - 051

中国版本图书馆 CIP 数据核字（2022）第 044540 号

体育社会学　　［德］卡尔 - 海因里希·贝特　著
TIYU SHEHUIXUE　　靳　晟　译

出版发行：北京体育大学出版社
地　　址：北京市海淀区农大南路 1 号院 2 号楼 2 层办公 B - 212
邮　　编：100084
网　　址：http://cbs.bsu.edu.cn
发 行 部：010 - 62989320
邮 购 部：北京体育大学出版社读者服务部 010 - 62989432
印　　刷：唐山玺诚印务有限公司
开　　本：710mm × 1000mm　1/16
成品尺寸：170mm × 240mm
印　　张：10.75
字　　数：131 千字
版　　次：2022 年 4 月第 1 版
印　　次：2022 年 4 月第 1 次印刷
定　　价：138.00 元

# 译丛前言

为了推进体育社会学学科的建设与发展，做好体育人文译丛的出版工作，我们组织北京体育大学国际体育组织学院的师资力量，集中精力，翻译了国外7本体育社会学方面的前沿性学术著作，分别是：《体育社会学启蒙：现代社会体育运动研究》《足球、权力与政治：有关足球和社会的跨学科研究》《足球运动主体研究》《体育社会学》《社会中的体育：问题与思辨》《足球的美学、诗学与修辞》《社会理论、体育与休闲》。这些学术译著，是国际上体育社会学研究领域较为经典的文本，作者均为国际上从事体育社会学研究的知名专家、学者，译著内容包括现代体育社会学和足球运动两大研究主题，既有对现代体育发展、体育对现代社会的影响等体育社会现象的分析研判，又有对足球运动的社会学、美学、史学、政治学方面的研究和探讨。

在这套翻译丛书出版之际，我们要特别感谢北京体育大学党委书记曹卫东先生以及国际体育组织学院院长田慧女士的大力支持！

# 前言

自19世纪中叶以来，基于社会发展需求及其对个体的影响，现代社会逐渐发展成为体育社会。成千上万的人定期到体育场地观看比赛，利用闲暇身临其境地感受比赛的紧张刺激，尽情享受民族认同感，赞叹人类非比寻常的躯体和运动协调能力。由此人们有意识地进入了一种情境，这是一种与现代工作环境中的单调、乏味、彼此疏远和情感贫乏相反的对比情境。这也证明了，在冷漠的都市环境中，人与人之间正向的身体亲近仍然是可能的。当运动员个人或者团体展示其运动能力时，大众可以很容易地理解并看到，在抽象的社会中，个体可以基于自己或集体的力量，勇敢、有效地通过自身努力对社会产生深刻影响。

体育赛事种类繁多、层出不穷。广大的观众群体除了享受体育带来的乐趣和刺激外，每天还会积极参与俱乐部、健身中心或人们自发组织的与体育相关的健身、社交、娱乐或冒险活动。其目的是应对社会变化在社会、精神和肉体方面给人们带来的影响。拥有健康的、适合运动的身体，意味着人们可以参与互动，在组织中获得动力，在亲密环境中具备抗压性。时至今日，人们不需要给出任何理由就可以参与体育活动；如果拒绝参与体育活动，或者不遵守对相关体验和行为的承诺，反而需要人们给出种种理由。因此，体育这一社会领域总能基于积极的内涵意义及标准，不断地调动大量社会成员开展运动，同时潜移默化地让他们参与消费和娱乐，这种巨大的号召力令人惊叹。

由于体育具有多重可用性，其在自身影响范围内所做出的众多互相关联的成绩和成效可以证明，它在整个社会交际领域中已经占据了足够的分量，不再只是作为被顺带提及的小角色，因此，在当代文化背景下，体育赛事和参与者就成了人们茶余饭后或工作间歇时谈论的主要话题。德甲联赛中的跌宕起伏、著名运动员的心理状态、兴奋剂丑闻的调查进展，或者本国运动健儿在国际锦标赛中的获胜概率等话题都成了重要的社交润滑剂，即使谈话者原本互不认识，凭借这些话题彼此也能很快热络起来。体育之所以能够升级为社交话题，在于现代化进程中社会结构的改变——劳动分工和角色分化导致可供大众广泛讨论的话题越来越少。在当代社会中，个体不再属于趋同世界的一部分。因此，遇见背景相似、有共同语言的人的可能性会大大降低。这种情况在话语层面造成了显著的群体性缺失。当人们的共同点越来越少时，互相之间该谈些什么呢？如果能选择某些话题可以让所有在场的人原则上都能或多或少地参与到对话中，就可以展开愉快的交谈了。除了天气这个老掉牙的话题，体育运动能给人们提供各种有趣的对话素材，如激动人心、精彩纷呈的比赛战况，著名运动员的成绩与逸闻，都是非常适合大众社交的话题。如果聊天气，外行也只能针对下雨、刮风和晴天发表上三言两语，然后谈话会很快变得无聊和尴尬，难以为继，只有专业人士才能在这种话题上侃侃而谈。同样，大谈特谈自己的人生经历，像慢性病或者艳遇这些私事，并不是所有人都会有兴趣听，因为这种类型的对话要么会引发危机，要么会因太过详细而让听者感到尴尬。相比之下，体育则以特殊的方式与社交密码相契合：几乎每个人都对体育运动有着切身的经验和体会，都可以基于自己已知的信息或者亲身经历跟上别人的思路，进而产生共鸣。只要稍有一些社会经历，比如在学校体育课中学习过或者自己参与过体育竞技，即使是门外汉，也可以看懂体育场馆中的比赛情况，并且发表观点。不少学者由此认为：即使体育运动原本不存在，人们也必然会因对话层面和群体层面的社会发展需求将其创造出来。

对于经济、政治、大众传媒领域接触体育行业的人士来说，由于体育吸引着大众的广泛关注，它就成了他们实现各自目标的一个重要手段。因此，许多企业利用竞技体育赛事的知名度来打响自己的品牌，并以此来提高自身的经济效益。与体育整体或某些具体项目，尤其是与运动员或球队相关的积极品质，比如积极进取、决心、活力、青春、优雅、团队精神或者强健等，将被暗示性地转移到相关的企业产品上，并建立符号性的联结。无论是体育场馆、体育器材、体育服装、运动员的身体，还是纸媒、电视或网络，都蕴含大量的广告空间，利用这些媒介投放的产品广告可以迅速进入大量消费者的视野。

如今，即便在政客竞选、政党竞争或是政府机构领域，体育也都扮演着重要角色。1954 年，在联邦德国对战匈牙利的世界杯决赛上，联邦德国的总理和总统待在家里，仅仅远程出席了在伯尔尼举办的比赛。而今时今日，当代的杰出政客们在类似的比赛中已经坐在了体育馆的贵宾席上，他们会在移动的摄像机前欢呼，为本国运动员夸张地呐喊加油。正是因为政治在现代社会中承担着具有“集体约束性决策能力”（Luhmann，2000）的重要任务，政客们才会试图通过亲近体育运动来获得社会舆论的拥护，并为未来的选举增加选民好感度。他们会采取各种手段接近当地的和国家的著名运动员及体育队，通过对体育表现出友好支持的态度来增加赢得竞选的概率。

大众传媒的盛行让竞技体育运动和其所处的社会环境形成了最强有力的结构性耦合。基于其对抗性质，竞技体育比赛恰好满足了报纸、收音机及电视报道的内在逻辑需求。体育赛事能给公众带来紧张、刺激和悬念，并且往往具备美学特质，能够提供优质的聊天话题，为集体和个人带来自我身份的感知和确认，能使大众与英雄人物实现身份认同，这些特点使它能充分满足媒体无休止的新闻猎奇需求，而且其相关信息的获取也非常便利。因此，尤其是近几十年来，在各家媒体竞争愈演愈烈的情势下，大众媒体对报道体育赛事的兴趣愈加浓厚。频频举办的赛事决定了比赛日程可以被提前定下，并且每天都会有来自全球各地的最新赛况，这些都符合媒体持续获取和处理新信息的需求。媒体从自己的视角播报体育项目的胜败结果，相当于将这些事件转化成了自家新闻，这大大减轻了媒体从前要挖空心思用独家新闻和分析来填充播报时间或报纸版面的压力。因此，我们可以说：体育通过其戏剧性及其引起的情绪波动牢牢吸引着各类大众媒体，帮助它们保持活力，并且为它们提供了吸引眼球的话题。这一点绝不仅仅适用于世界性媒体和赛事。远的不说，就本地范围内，德甲各队每天也会给当地报纸的体育版提供稳定的新闻素材。就这点而言，媒体对于竞技体育的兴趣仍不能作为其系统性利他主义的证据，它们最终只是以特殊的方式表明了大众媒体的自我指向性。恰恰由于媒体只能将其环境接触建立在自我接触的基础上，它们的关注点首先是在自身，而后才会对体育表现出浓厚的兴趣：电视台、报纸和广播电台利用体育比赛的戏剧性，将尽可能多的社会成员吸纳成为它们的观众、读者和听众。

所有这些发现都指向一个重要事实，这一事实对分析当代社会具有重大意义，而且至今在社会学的时序诊断上仍未被提及：现代社会不仅是一个信息、组织、决策、风险、选择、知识、工作、休闲或者冒险的社会[1]；它还通过将现代意义上的理论应用于个人和人的身体，以及通过反思来应对社会现代化进程在主体层面上的影响，并逐渐演变为一个体育社会——即使这种描述总是表现出“强迫片面性的特征”（Luhmann，1992b）。

尽管体育在个体行为者的生活层面和组织与社会子系统的层面上都引发了极大的关注度，然而，这一社会领域并不具备悠久的学术分析传统。这一点可以从该行为领域的社会学渗透史中得到验证。作为社会学和体育学的科学分支，体育社会学直到20世纪60年代才迎来了学科突破，而在几十年前，体育就已经成功地成为现代社会子系统，并与经济、政治、大众传媒和受众建立了广泛的渗透关系。其他与体育相关的学科，如体育医学、体育教育学、体育心理学、体育史、体育教学法或训练和运动理论早已牢牢占据了体育学科内部的垄断地位。本书旨在分别分析现代社会中专门进行社会学观察和描述的各体育学科，然后将分析结果以各学科指定的方式进行表述。因此，本书的研究重点在于获得学科自主权和独立性，并在此基础上，不断重复构建科学系统并将其应用于自身的分析中。

为了阐明体育社会学的特殊发展历程及特点，我们将开展深入性的分析与钻研，具体通过与身份相关的论点来实现。这类似于一个主体建立关于自身的具有适当复杂性的理论的过程，只有当它能够合理全面地回答那些从哪里来、要到哪里去、如何实现目标、如何超越个人所知等经典的身份问题时，才能分析出体育社会学的特点和个性。在自我确立和自我描述的过程中，这一学科只有面对类似的身份问题，才能针对其自身和学科所处环境进行清晰的解答。

“从哪里来”这个问题指向体育社会学作为科学学科诞生的时间性、客观性和社会性环境。这一问题的答案不太会涉及伟大历史人物的名单和谱系，例如向外界展示高水平的学术传统，或者对内证实其早期流传下来的科学卓越性。相反，回答这个问题，不但能帮助学界描述体育社会学的来源和产生环境，还有利于对其上级学科——社会学——的基本原则进行简明扼要的阐释。除此之外，追踪学科发展也是追根溯源的重要任务。就这点而言，详细介绍开路先锋不仅有利于学科的自我确立，而且可以抵消长期以来由于对学科内容应用的迫切性而对其结构的遗忘。从体育社会学的研究中已经可以观察到这种自我遗忘和对学科起源一无所知的严峻后果。在某些体育社会学的研究主题下，当代不少学术研究的水平反而远远落后于几年前甚至几十年前就应达到的研究和知识水平。

“要到哪里去”这个问题涉及体育社会学的科学目标和任务范畴。如何达到目标、如何阐明对象，涉及的是体育社会学的理论和方法学。有关知识的可能性和界限性的问题涉及的是认识论，即有关知识的理论。然而，只有当人们深入研究了“是什么”，即研究对象时，回答“要到哪里去”这个问题才有意义。于是，体育社会学中首要的命名参照系逐渐获得了学界的关注。社会中的体育现象对于社会学观察者来说不是一个静止不变、永恒停滞的结构，不是用简单的理论和方法就可以轻易推导出来的。相反，它是一个高度活跃、有很强的内化特质且可被观察的社会体系，需要采用复杂的社会学分析手段来建立观察者和被观察者之间关系的“必要多样性”（Ashby，1956）。近年来，体育在体验和行为的各个层面上变得更加复杂多变，同时也更随意和模糊。随着慢跑、健美操、冲浪、铁人三项、健身训练、单板滑雪、自由攀爬、山地自行车、瑜伽、太极拳、步行等体育种类和运动方式的不断涌现，传统体育的范畴被明显拓宽了。如今，以前抵制体育运动的团体的融入也增加了体育社会的复杂性。人们逐渐开发和利用自然风光、原生景观及市区等空间，使体育的空间维度延伸覆盖了这些曾经不适合训练和竞技的地方。如今，不少人都会悠闲地在内城散步、参加城市马拉松，或者将自然景区作为体育运动和锻炼的场所。对新的年龄群体的吸纳使体育的时间维度扩展到了人生的各个阶段。

本书旨在逐一回答各种有关体育社会学身份的问题。因此，本书的结构划分如下：第一章回顾19世纪和20世纪以体育和游戏为主题或曾对其进行过讨论的著作节选，并介绍体育社会学领域中重要的思想先驱和提纲挈领的人物。该章为各行为者在不同学科环境中进行的后续辩论提供相关理论框架，按时间顺序回顾学科洞见。读者由此可以总览作者曾发表过的与体育和游戏主题相关的言论。随后，本书将基于零散的个人见解和陈述，进一步构建一个超越个体的学科类别。第二章介绍体育社会学的发展阶段及其内部分化的各个时期。第三章阐释学者们以特别的方式为体育社会学的学科独立作出贡献的新影响力和推动力。第四章讨论一般社会学的基本原理和观点，并借此建立体育社会学与这一母学科之间的联系。第五章提供社会体育运动的相关信息，重点探究体育社会学专门研究并致力于创造其“真理”的交流和行为领域。第六章对体育社会学的研究层面和理论重点进行分类，并分析其研究实践。第七章探讨应用体育社会学知识的可能性和局限性。第八章力图解决体育社会学自身和外部环境存在的问题。

尽管本书试图从多个方面阐明学科研究，但这里呈现出的体育社会学必然是零碎的、主观的和局限的。因此，本书仅在需要阐明国家民族视角时，才会引用国际文献。同样，在描述学科及其开拓者的历史发展趋势时，本书遵循一种行云流水的顺序描述模式，不会对细节和论证过程进行过多描写。当然，在某些方面可能会进行深化和扩展，但这些细枝末节对总体思路不构成重大影响。由于篇幅受限，本书无法穷尽罗列体育社会学思想的所有开拓者和提纲挈领者，读者可在描述其他国家体育社会学发展历程的作品中获取相关信息。

为了避免与现有知识产生重叠和冗余，本书的思维框架不会纳入关于社会学研究方法和方法论的论述，例如定性和定量法，因为几十年来已有很多专业文献从各个角度对此进行了研究。同样，本书也不会对以下内容进行深入探讨：对现存社会学理论组合的详细讨论，权衡单个研究方法的利弊，或者概括不同研究领域当前的知识现状——比如身体社会学，关于体育社会学联盟或协会的讨论，针对暴力、性别和兴奋剂的辩论或者与体育相关的政治、经济、公众和媒体研究。

在论述内容的选择上，本书舍弃了那些在体育社会学书籍中常常出现的相关学科介绍，避免了无限重复，从而忽略了类似于劳伦斯·斯特恩（Sterne，1761）在《项狄传》中试图向读者传达的那种每个观察者在被观察系统中的经历。很明显，以自身为研究对象的科学学科不可避免地会有一种可以从外部进行客观分析的错觉，尽管任何形式的自我阐述都必然受制于自我指向性的规则。体育社会学家——与所有其他观察者一样——需要采用更高级别的观察手段来收集有关自身的信息，分析研究盲点和差异。

# 目　录

# 第一章　开拓者

19 世纪下半叶，体育运动和比赛在城市里的民众中产生了广泛共鸣，但其影响力最初并没有大到能够建立一个专门的、自成一体的学科。游戏性、随意性、模仿性和好斗性的活动被归入娱乐和廉价的消遣领域，并被认为不具备任何科学价值[2]。当时，独立的体育社会学学科根本不可能存在，因为现代体育和社会学都还处于形成阶段，并且社会学研究早期还未出现广泛且安全的理论和方法论知识可以被用来研究社会现象。在 19 世纪、20 世纪之交，社会学经典著作主要关注的仍然是应对危机四伏的社会动荡的后果，这些后果因社会从阶层分化到功能分化的转型而造成，且社会学经典著作的关键词大多是“工业化”“机械化”“城市化”“工作与家庭分离”“工作与闲暇分化”“性别角色的去传统化”“社会结构变革”和“社会冲突的出现”等。此外，早期的社会学家将社会学与已建立学科的哲学、教育学、法理学和国民经济学区分开来，以期论证社会学学科的独立自主性[3]。特别是在其发展阶段，他们还无法发挥一个大学专业学科的评价和自我观察能力。正如卢曼（Luhmann，1992a）在其为埃米尔·涂尔干（Durkheim，1893）的分析著作《社会分工论》所作的导读中指出的那样，尽管在19 世纪末，“社会学”这个专业术语和一些社会学出版物已有出现，“但是当时没有社会学家，缺乏具备社会学前期知识的、有能力进行批判的专业人士”。但这不足以作为重要的制约因素的现实确实显著影响了信息传播和处理的速度与质量。“思想的变化，同时还有理论的吸收，”卢曼说，“比今天要慢得多。”

因此，建立独立的大学专业学科对社会学来说很困难，因为它无法在其打算研究的社会领域建立唯一的垄断。它不得不与其他学科共享学科范围和研究领域，并不得不在这些交叉领域证明自己的特殊性。由于社会学既是学术界“新人”，同时也在科学解释市场中与其他学科竞争资源和地位，这一双重身份一方面使它被迫进行反思，另一方面也激起了老牌学科的防御机制，这些老牌学科担心自身的解释主权及资源补给会受到影响[4]。体育和游戏现象一般作为边缘话题出现在发表的分析文章中，或者是出现在主要针对其他目标的研究中[5]。尽管在当时并不存在一个同质化的、有独特认知的、自我反思的、制度上有保障的、以社会学方式持久稳定地阐释体育运动的学科，但是这有助于围绕体育运动和比赛现象开展不妥协的、高度依赖于人的、多视角的科学交流，这为建立和发展体育社会学学科的思想和观点打下了坚实和广泛的基础。

民族学家和文化人类学家将注意力集中在陌生风俗习惯中的仪式、比赛的形式和内容及前现代时期的身体和运动实践上。美国画家和北美原住文化的早期民族学观察家乔治·卡特森（George Catlin）曾研究过印第安人的比赛和身体实践（Catlin，1841）。在他的一次探索之旅中，除了看到众多赛马、舞蹈、拳击比赛和跑步比赛之外，他还观察到来自今天密西西比和俄克拉何马州的乔克托族印第安人用网棍快速击打的球类游戏，这种以竞争为导向的活动所体现的暴力、速度和身体实践令他深深着迷。参与者将这种类似于长曲棍球的游戏称为“战争的小兄弟”，并非毫无缘由。卡特林（Catlin）观察到的这些活动不是现代意义上的普通体育比赛，而是礼节性的、神圣的仪式。在这些仪式中，现实中的人重新演绎了创世故事及随后的善恶间的斗争。除此之外，这些在歌曲和舞蹈中的激烈竞争和格斗比赛隐含着一种以可控的方式处理冲突和紧张的功能。作为“出气习俗”（Vierkandt，1931），它们为各个部落提供了在无战争预兆下相遇并互相较量的机会。喜爱互动、遵循分段分化的结构原则的部落社会，显然青睐于以战争和狩猎为主的比赛，其中男人与男人之间的一对一或团体的直接斗争是很重要的，相应的身体和心理特征会被模仿训练。最初的游戏可能会持续几天，由裁判监督并在较量双方事先定好的比赛室中进行。萨满会给参与者提供精神上的支持。在一些部落中，这种较量经常会出现用马匹、毛皮、家庭用品甚至妇女和儿童作为赌注（Vennum，1994；Conover，1997）。英国和法国拓荒者于18世纪第一次看到这种游戏时，对双方对抗的残酷激烈及比赛方式的伤害性感到震惊。

任教于牛津大学的英国人类学家爱德华·伯内特·泰勒（Tylor，1879）延续了19世纪40年代人种学研究的传统，于1879年撰写了《比赛史》。在其比较分析中，他主要关注那些跨越起源地边界，融入其他文化并适应当地条件和传统的比赛。后来他又以1896年美洲的“抓阄游戏”为例，试图证明在哥伦比亚时期，美洲与亚洲存在社会文化联系。因此，他为跨文化比较游戏研究奠定了重要的基石，该研究在20世纪曾引起极大的关注，并且在心理学、教育学及其子学科，以及体育和比赛教育学中产生了自身的认知成果（Sutton-Smith，1972，1978；Avedon，et al.，1971）。玛丽亚·T. 埃里森（Allison，1982，1995）继承了以上传统，研究了体育、比赛和休闲活动中的文化差异，探究了英裔美国人以成绩和成功为导向的篮球比赛与纳瓦霍印第安人团体比赛之间的差异[6]。

赫伯特·斯宾塞（Herbert Spencer）是社会学的创始人之一。他探讨了身体对于教育和表现性别身份意识的重要性，并明确了游戏消耗身体中多余能量的作用。他怀疑成年人没有对青少年一代的身体状况给予足够的重视，并建议他们使用教育学中关于成长的基本原则。他证明了，虽然有了更健康的生活方式和更好的医疗保障，但孩子们与父母一代相比在身体素质上有明显的不足。在关于体育锻炼的论述——《体育运动》——中，他讲述了现代生活方式的危害，指出了父母过重的负担，以及由此造成的对儿童和青少年身体方面进行适当指导的困难。斯宾塞在当时就已经着手解决营养过剩和营养不足的问题了，他还意识到了适量饮食、适当穿衣、保持身体整洁清爽和锻炼的意义。移居到其他国家的德国人回国后将体操引入德国。体操虽在这种身体锻炼不足的状况下“聊胜于无”，但形式化的肌肉训练带来的整体锻炼效果较差。在体操运动中，部分身体部位得不到锻炼，斯宾塞从中察觉到了“不平衡发展”（Spencer，1861）的危险。除此之外，体操比较单调而且缺乏娱乐性，因此不如游戏更具刺激性。与体操相比，他认为游戏具有“内在的固有优势”（Spencer，1861）。斯宾塞秉持改革教学法的态度，批判了学校的残酷训练和在学校中盛行的时间管理制度。学校由于担心学生的精神世界被“冷落”，反而忽视了他们的身体问题。因此，身体方面的损失是无法估量的。这样一种僵化的管理模式和只针对头脑进行训练的学校体系会系统地“削弱”学生的健康，进而带来“慢慢积累的身体退化”这一紧迫的危险。“我们现在关心头脑，忽视身体，而非关心身体，忽视头脑。”

文化评论家、经济学家和早期社会学家索尔斯坦·凡勃伦（Veblen，1899）在其撰写的论战和讽刺性小册子《有闲阶级论》中，将注意力放在了美国世袭社会等级群体的缺失上，并在这一背景下研究了财阀的地位管理。他认为财阀从单纯的商品积累逐渐陷入对名望和声誉在原则上的无尽追逐。他们不仅具有以一种最大可能远离生产劳动为特征的典型的游手好闲特性，而且以炫耀性的个人消费方式将最好的和最高级的物品占为己有，故意让同时代的人产生嫉妒情绪。他猛烈抨击了财阀的贪婪，并区分了玩弄金钱者用来强占同时代人的工作成果的“金融”技能，以及用来制造和分配必要商品的“生产”性的工作。凡勃伦认为，“寄生虫似的”经济领袖的声望并非基于典范式的生活方式和勤奋，而是基于“挥霍”。这一挥霍的习惯具有打造流行风格的效果，并且由于他们经常被效仿，这反过来又支撑了金融精英的意见领袖地位[7]。在这种相互作用下，凡勃伦探讨了各种体育行为和文化活动的作用，上层阶级的成员试图利用它们，通过挥霍“无用的”时间和精力来获得社会声望，并尽情宣泄古老的掠夺冲动（Veblen，1899）。按照布迪厄（Bourdieu）的说法，凡勃伦正是通过这种方式成为首个结合习性、体育和不平等研究社会现象的社会学家的。

社会心理学家诺曼·特里普利特（Norman Triplett）在一项实证研究中探讨了“竞赛的动态因素”，并分析了运动和竞赛对自行车车手和儿童的影响。根据他在实验室中测试的猜想，当身边存在另一名车手时，运动员会将此视作一种刺激，能够激发自身的竞争本能，并调动起独自骑车时无法支配的“自由神经能量”。除此之外，当人们看到视野范围内飞驰的对手速度更快时，会帮助他们提升成绩、“投入更多努力的激励”（Triplett，1898）。

乔治·埃利奥特·霍华德（George Elliott Howard）——历史学家、社会学家及后来美国社会学协会的主席——于 1912 年 4 月 26 日在芝加哥举行的“体育锻炼与保健卫生”会议上发表了演讲，该演讲后来被刊登于《美国社会学杂志》上，题为《观众的社会心理学》。霍华德基于当时文化批评的整体知识，研究了一种自 19 世纪下半叶起越来越重要的现象：观众在不断改变的休闲和娱乐需求的背景下的角色和行为。霍华德因此成为第一位明确深入研究观众的社会学家。霍华德的分析与如今的分类相反，他将社会心理学（Howard，1912）看作社会学的一个应用导向的子学科。此外，他以“观众群体与体育现象”为题研究了参与大学体育比赛的观众的活跃行为，以及在看台上或体育场外热情地为母校卖力呐喊的观众的行为方式[8]。尽管霍华德认同比赛对“身心和道德健康”（Howard，1912）很重要，但他猜想大学里的体育对高等教育来说是一种威胁。因为大学生上大学的真正目标本该是受教育和开展有效学习，而竞技比赛会造成精力分散。此外，观众的身体素质会在被动观看中逐渐退化，这一点令人难以接受。人们会忽视更加健康的休闲活动形式，体育的高声望也会使智力活动和成就相形见绌。一所大学的声誉将会过多依赖于少数运动员的体育成就，他们将会作为半职业运动员取代业余运动者和大众体育文化的参与者。霍华德在观众步调一致的喊叫、咆哮和鼓掌中看到了一种“精神上的扭曲”（Howard，1912），这最适合用于市政管理部门或政治部门的培训活动中。为了满足工作和休闲的新需求，他建议改革大学内外的体育游戏文化教育，并将目标转向道德戏剧和新的电影媒介。基于其体育观察行为的批判性分析，霍华德选择了双重的危机情境。第一重危机是“生理危机”，源于人类通过直立行走的进化成就而与其他生物分道扬镳的结果；第二重危机源于蒸汽机和电力的发明，人们由此持续陷入身体使用的停滞状态，并“丧失警惕”。以往面向公众的综合性体育游戏如今几乎完全被新的室内活动所取代，这一点在城市中尤为明显。

19 世纪末，体育运动由英格兰传入德国，后来发展起来，并被用于对抗体操的盛行，但在当时的德国社会学著作中只留下了少许痕迹。格奥尔格·齐美尔（Georg Simmel）在其辩论分析中研究了社会竞争的社交和情感诱发的功能，并强调了成绩原则的合法化作用。齐美尔认为，将注意力集中在竞争关系的负面和破坏性影响上，无理地阻碍了对其“巨大的社会化效应”的关注。因一旁有竞争者而被迫成为真正竞争者的人，会让人们靠近他、围绕他，还会发现自身的弱点和优势并适应他们，通过自己的存在和成就来寻找和建立自己与竞争者的一切联系。人们将现代的竞争定义为人对抗一切的斗争，但同时也是人为了一切的斗争。因此，它也是关于“对掌声和努力的争夺”，是“各种形式的让步和奉献，少数人为了多数人的斗争，正如多数人为了少数人的斗争……”（Simmel，1908）。齐美尔通过阐述比赛中以竞争为导向的统一力量，提出了关于竞争的社会化影响的观点：“我只知道一个事实，即战斗和胜利对于个体自身存在吸引力，除此之外，比赛只包含引发对抗的因素这一主题——比赛就是除去比赛本身之外没有其他获胜奖励的游戏。”“技巧型比赛”具有“成为自己的主人并战胜他人的纯粹的社会学吸引力”。“危险型比赛”中“缺少竞争的本质：个体能量的差异是赢与输的原因”（Simmel，1908）。基于成绩的成功有“使人安心”和“客观化”的作用，而基于运气和偶然的成功只会产生“忌妒和怨恨”。

马克斯·韦伯（Weber，1920）在其宗教社会学著作中附带讨论了清教徒对体育的兴趣，并彻底审视了清教主义普遍敌视身体的常见现象，“清教主义反感体育，甚至在贵格会信徒中也全是如此。体育不得不只服务于恢复身体工作能力的理性目的。同时，人们怀疑体育成了放纵本能的途径，倘若它成为纯粹的享受品，甚至激起了人们好斗的野心、野蛮的天性或者非理性的赌博欲望，自然应该受到谴责。从工作和从宗教信仰中剥离出去的本能的生活享受，同样也是理性禁欲主义的敌人，无论它的表现形式是一种‘达官显贵’的运动，还是普通人的舞池和酒吧活动”[9]。韦伯（1922a）还在《学术理论论文集》中批判性地探讨了鲁道夫·施塔姆勒（Rudolf Stammler）的作品（Stammler，1906），研究了基于斯卡特游戏规则的含义和构造，并将规则的经验性功能和规范性功能分离开。

第一次世界大战后，男女运动员在拳击比赛、足球锦标赛、六日自行车赛、赛车活动、横穿运河、飞行比赛、冒险穿越和爬山比赛中不断引起关注和轰动。汽车手、摩托车手和自行车手在赛场上飞驰，创造世界纪录，并作为新的、充满活力的时代化身出现在感兴趣的公众的视野中。技术创新为这些新活动提供了重要的物质基础。体育特有的胜败逻辑为感知领域和行动领域划定了界线。竞技体育始于19世纪末，在当时已有的民族国家中发展成第一个“横向世界体系”（Willke，1998）。国际奥林匹克委员会这个超越国家的组织，组织世界各地的运动员每四年参加一次比赛，他们在一定的规则下互相较量，无视政治取向、宗教信仰、出身和种族。1896年，第一届现代奥林匹克运动会在雅典举行。总的来说，体育代表着活力、自信和觉醒。除了通过紧张刺激的比赛内容吸引观众外，参与运动的人还能以身体和个人为导向，积极自主地体验作为主体而非客体的感受——在当时那个时代，许多人仍然承受着第一次世界大战带来的饥饿、死亡和残疾等痛苦，社会被大规模失业和沉郁的气氛笼罩着，大规模的移民潮也在发生，左、右意识形态相互斗争，这些都需要人们做出应对；特别是1919年之后，人们还受《凡尔赛条约》的制约，当时许多男性将其视为对自尊的伤害，还试图以复仇的欲望和

"背后一剑"来应对和反抗。尽管如此，第一次世界大战后，传统价值秩序的崩塌及由此引发的社会冲突仍激起了许多人的危机感、无力感和挫败感。

1921 年，世界上第一本明确研究"体育社会学"的专著由年轻的海因茨·里塞（Heinz Risse）撰写。当时，体育作为大众娱乐活动非常受欢迎，在德国的大学中它也即将成为以实践为导向的专业教育学科[10]。受当时学术环境的启发，里塞（Risse，1921）展开了全方位的文化批评式分析，在书中，他对现代社会的典型表现进行了概括和尖锐的抨击：第一，大城市的"腐烂已深入骨髓"；第二，政党对"讨论过上百次的原则"仍争吵不休；第三，当代艺术和文化"沉闷且附庸风雅"，还摒弃了其"自然性"；第四，知识分子"软弱无能"，仅仅将"贫瘠的美学"隐藏在文字背后，并且无法有效地承担亟待处理的任务。里塞批评知识分子失去了"群众的领导"。许多人开始不受知识分子的控制和影响，转而从事其他形式的活动，即进行体育运动。这种对体育的青睐反而让脑力劳动者（知识分子）诋毁这项新的"运动"是"缺乏精神的""粗野的"和"无意义的"。里塞借鉴尼采（Nietzsche）对生活哲学的主张，反驳了对体育运动的侮辱："我们不需要美学原则的夸夸其谈，我们不需要讲究挑剔的无教养，我们只需要意志。意志不是在文人的咖啡馆里，不是在歌舞场中，不是在舞池里，而是在运动场上形成的。"里塞希望通过他短小的文章（Risse，1921）——对体育的诠释——分析和记录体育对社会的成效和意义，以及"它（体育）作为未来，作为巨大的希望对我们来说意味着什么"。里塞将人们可以用来成功应对现代社会中无数衰亡征兆和动荡的强大对抗能力归入体育——通过体育可以实现"意志的教育"，对抗"唯理智论"（Risse，1921）。

然而，里塞看出了体育的内在危机。当代的职业体育是“颓废的”，特别是其中增加的原始性。此外，为了提高体能表现、创造新纪录，训练、衣着、后勤、科学陪同的合理化及体育场地的一致化都成了体育发展的必要准备。这一情况创造了一种官僚主义的上层建筑，限制着体育的自由追求和创造力。他将体育运动理解为“除了体操之外的身体锻炼”（Risse，1921），其中包含所谓的“草地运动”、水上运动、自行车比赛和源于竞技场环境的竞技体育项目，如拳击和摔跤。德国体操对里塞来说不属于体育运动，因为它创造的是一种“人为的、非自然的美”，并且它会通过其强制性规则剥夺个人的一切自由。封闭的练习室和体育馆以及体操运动员的紧身衣都充分显示了体操的局限性和前景。里塞并未将器械体操看作逃避个人束缚的适当手段，因为它是“整个机械化系统的写照”。体操对他来说似乎也只是一项旨在控制肌肉的活动，它追求的目标是“通过定期进行简单的肌肉运动来达到最佳表现”（Risse，1921）。里塞将体育运动评价为“对将人类机械化的整个系统的反应”（Risse，1921）。它是一种形式，是“被束缚的个体寻找的出路”（Risse，1921）。现代体育起源于英格兰，这一点非常典型，因为正是在那里，机械化劳动最先搅乱了社会关系和人们的心态。体育代表着“给予个体再次行动的基础性尝试”（Risse，1921）。在体育竞赛中，个体可以极具创造力和创新性，获得高度自由，并通过创造纪录和取得高水平的成绩来体验其独特性。

阿尔弗雷德·韦伯（Alfred Weber）原本计划撰写一篇有关体育的博士论文，但由于潜在的第二专家很可能还无法接受将体育作为一门适宜的科学来展开研究，因此论文最终被否决了。与此同时，社会学也在争取大学院系的认可[11]。第一次世界大战前后的社会学，正如海因茨·里塞（Risse，1984）在几十年后追忆相关的科学理解和科学学科间的竞争时所指出的那样："如果人们将'经验'理解为一种基于深入研究所取得的事实而开展研究和阐释的科学，那么（社会学）几乎没有任何经验特征。1920 年前后，社会学才进入已有许多其他学科的院系领域；但那些学科将访客当作入侵者，并不倾向于将它们视为客人。"事实上，社会学在几十年后——即 20 世纪 50 年代中期——才开始作为大学学科完全被人接受。直到 20 世纪 60 年代末，社会学才开始通过增加学术研究的发表来巩固自身地位。

海因茨·里塞曾出版过相关著作，但出版几年后由于其质疑自己的作品质量，便召回了首批印制的 3 000 本，并表示希望人们以后不要再将他与体育分析联系在一起。然而，在他不知情的情况下，这一作品于 1981 年被再次出版。出于批判性的自我反思，以及惊讶于自己的作品在国内和国际上引起的学术反响，他（Risse，1984）表示："由于在本书出版两三年后，我感到无法再相信自己提出的观点——每一句都自相矛盾，写这篇文章时我 23 岁，我一直想要忘记它。从来没有一个孩子像这样被他的父亲以如此愉快的心情扫地出门。"当时他的观点是体育适合以某种特殊的方式作为自我教育和取得成绩的动力手段，他认为这种分析有误。幻想破灭多年后，他继续关注体育运动的发展，并对业余运动员演变为"收费的古罗马角斗士"（Risse，1984）感到失望，他认为，这种情况可以在某些体育项目中观察到。在网球比赛中，他看到以商业化为导向的"巡回竞技场"在发挥作用，迫使男人和女人进行"残酷的训练"，并仅以其在世界上的排名情况来衡量个人的价值。

里塞的著作出版四年后，恩斯特·克拉夫特（Krafft，1925）描绘了一条"从竞技纪录到大众体育"的道路，并勾勒出了"体育史的轮廓"。他强调了社会条件的重要性——特别是社会中的经济——以便理解体育运动如何从中水到渠成地演变出来。“人们必须自己努力认清这些先决条件，然后其中的关系才会自己显现出来。”（Krafft，1925）他批评了不将体育锻炼追溯到“外部环境”，而是将其停留在“资质”和“品位”的人种学观点。克拉夫特从原始民族的“古老运动”出发，在这方面，他提到了卡特林（Catlin，1841）用文字和图像记录的“印第安人的大众球类比赛”，阐释了古希腊的“古典体育运动”（五项全能和体操），并就此批判了那些脑子里只有商业利益的“专业人士”。在当时，人们自身的能力已经被“对陌生能力的惊奇”所取代（Krafft，1925）。克拉夫特将中世纪的体育定位于骑士练习和马上比武，以及城市的民间节日和球类比赛。中世纪末期的“无体育时期”之后，他从19世纪初的体操运动和军事演习中看到了体育的复兴。即“人从自然中分离”“要求体育锻炼的平衡”（Krafft，1925）。克拉夫特认为体育与社会发展之间相互关联，并将瑞典体操、英式赛艇、足球和网球比赛作为这一观点的论据。20世纪，工业化造就了群众“对光和空气的渴望”，并在身体和技术的帮助下产生克服时间与空间束缚的需求。体育运动中已经涌现出的“创造性的人类”，能够并且应该成为“新的经济和社会秩序的载体”（Krafft，1925）。克拉夫特认为，工人体育运动以其强大的团结和群体导向，可能成为向社会主义社会秩序转型的引擎。

1933年，弗里茨·哈默（Fritz Hammer）在海德堡大学以一篇69页的有关大众体育的论文获得博士学位。在论文中，他试图以社会学方式条理清晰地研究这种在德国——尤其是在20世纪20年代——发展起来的新现象。体育运动广泛传播，质量和数量都在提高，由此他看到那个时代“最为强有力的集体潮流”之一（Hammer，1933）。在大众体育的基础上形成的体育团结，对他来说是产生、加深和保持群体团结的有效媒介。纳粹掌权一年后，维利·拉滕在1921—1934年发行的德国社会学权威出版刊物《科隆社会学季刊》上撰写了唯一一篇与体育相关的文章，标题是《体育中的官僚主义》（Latten，1934）。其中，他探讨了魏玛共和国中体育日益制度化带来的后果。拉滕从体育运动的发展、运动的社会伦理及公平竞争原则的合理化中看到了官僚主义的苗头。“体育在数量上的增多”是和“19世纪工业社会中工人的客体化”同时发生的，且与“其个性在工作过程中受到的限制”及由此产生的“渺小感”有关。相比之下，体育赋予人们“新的个体意义，即在另一个世界之外创造属于自我世界的社会系统”（Latten，1934）。然而，这个世界的特点是“通过竞赛和比赛游戏，即通过竞争的原则分配名次”。体育的独特之处在于，基于将对手视为“势均力敌者”的公平竞争原则，“为了存在的斗争”在这里仅仅被视为“比赛”。除此之外，机会均等原则也是体育的一个特点。互相竞争的各方通过对竞争的认同，建立了一个以无目的为目标的群体，有意地从“报酬的社会环境中”分离出来。人们对竞争、纪录、竞赛和冠军异常迷恋，这就创造出了一个“由认可而形成的等级金字塔”。根据拉滕的说法（Latten，1934），体育协会的出现助长了体育的理性化和官僚化。体育规模的增长及由此带来的复杂性使体育协会的核心任务是解决名誉危机。要么转由主管部门负责名誉工作，要么将名誉方面的工作进行任务分工。但是，这导致了名誉和社会认可的最小化及权限的冲突。由于各个部门都需要花钱，协会只能被迫通过会员费和入会费来筹集资金。这种合理化并非没有后果，而是会引起“误用的危险”，以及由专业化和商业化带来的“扭曲”。业余运动和绅士理想不断丧失重要意义，人们的牟取利益“贪欲”也被唤醒了。城市居民对体育的强烈需求除了使冠军和创纪录的动力占据主导地位外，也在时间、客观条件、社会和空间上增加了标准化需求，并创建了自己的体育官僚机构，但这些机构越来越远离运动员的需求。拉滕（Latten，1934）就此更明确地深入研究了里塞（Risse，1921）的前期工作。在体育社会学分析中，他还研究了体育官僚机构与抗议民众之间的紧张关系，并强调体育中组织方面上层建筑的自身目的特征。拉滕在其研究结尾中指出，泛滥的体育官僚主义可能会产生自我毁灭式的、带来猜疑的后果，在纳粹掌权且污染了时代精神的一年之后，他要求在体育中“引入领袖原则”：“每个官僚机构中的抽象性和隐匿性，会通过安排具体的领导人，在重组中得到补偿。”（Latten，1933）体育运动的管理者应该独立于体育官僚机构，并因他们对体育根深蒂固的信任而获得合法地位。“然而，必须首先展示这种在体育中不只意味着一致性的改变能够在多大程度上改变整个体育生活”。

玛丽亚·克莱恩（Kloeren，1935）在“文化社会学”领域发表了以《体育与纪录》为题的博士论文。她在文章开始介绍了16—18世纪源自英国的关于摔跤、击剑和拳击的历史数据。令人惊奇的是，她选择了这些并不以创造纪录为目的的身体运动。舍夫勒（Schöffler，1935）于同年出版了一本86页的题为《英格兰，体育之乡》的小册子，其中明确包含了由玛丽亚·克莱恩搜集的原始资料。他也希望为以下现象提供一个“文化社会学”解释，即为什么当时体育在英格兰将“所有同时代的人们都像感兴趣的观众一样作为实际的参与者”卷入其中。舍夫勒描述了1700年左右发生的转变，阐述了拳击的起源，提到了决斗、“赛跑和赛车的社会发展”及博彩业。他注意到，源于上层阶级的赛马运动被下层阶级的摔跤、拳击和赛跑等形式的体育活动迅速取代。通过压制决斗的贵族文化、新兴的个人主义、逐渐出现的博彩文化、体育竞争的紧张刺激性及贵族的经济导向，他发现了英格兰体育发展的决定性因素。相比之下，德国直到1830年才出现第一场赛马比赛，并且身体文化被体操决定和掌控着。

卡尔·曼海姆（Mannheim，1935）在其标题为《转型年代的人与社会》的研究中提到了体育。由于魏玛共和国未能解决“现代大众社会的问题”，以及“旧自由放任原则”已不再适用，他试图寻求一种不会压制社会自我力量的计划。在题为“从直接影响到间接影响的过渡”一章中，曼海姆以体育为例，说明“在后期发展阶段中的理性化会导致更加自然化的存在”，并且要“有意识地反抗因规则过度化导致的非人化后果”。曼海姆（Mannheim，1935）对此说道：“例如，维多利亚时代对工业化社会性质的理解过于狭隘，使人们对非自然力量有着近乎狂热的偏执，而现代大众社会，尽管有着强大的组织性，却倾向于通过系统化的身体文化、体育运动和新鲜空气，督促其社会成员回归更加自然的生活方式。”曼海姆将体育看作一个向人们展现“公共休闲活动的真正乐趣”的机会，尽管他在其“创纪录式的狂热”中发现了堕落的迹象。然而，人们必须首先有意识地接受培养。非理性总归“不是在任何条件下都是有害的”。一个“合理组织的大众社会”必须“寻找本能的阀门，如同清醒的日常生活需要通过全面的合理化来持续压抑天性。在此，人们可以看到体育活动、节日和聚会的作用，也可以看到大众社会中普遍的文化政治的作用。迄今为止，历史上所有的伟大文化都能够通过升华提炼出来，将灵魂的非理性力量引导到特定的轨道上，并赋予它们形态”（Mannheim，1935）。因此，曼海姆将体育视为一种社会环境，人们在其中可以通过文明的方式充分塑造并释放他们在日常生活中受到压抑的天性。

在《社会科学百科全书》里的一篇文章中，阿尔贝特·帕里（Parry，1934）将体育视为一种工具，它通过娱乐大众和分散大众注意力来巧妙地控制大众，防止社会发生动乱。他就此创造出了一种论证模式，并在后来又不断对其进行了修正。城市和技术社会学家刘易斯·芒福德（Mumford，1934）曾思考“技术与文明”之间的关系，并将体育描述为一种群众骚动，在由于生活条件常规化和纪律化而追求变革和英雄气概时，并且生命的意义处于没落的危险中时出现。他认为“大众体育”具有补偿性和合法性功能。最初为了抗议商业化和机械化的体育，最终也成了商业化、机械化和规则化世界的一部分，是为了服务私人利益并实现民族主义的自我表现。然而，通过体育所产生的紧张刺激只能暂时在表面上缓和。按照芒福德的说法（Mumford，1934），与游戏相比，大众体育渴望着一点意外的刺激，正如人们很容易在赛车和空中运动中看到的那样。虽然最终可能失败，如不做计划就参加登山运动，但失败也是大众体育内涵的一部分。“……但是，当人们不断被组织驯化和制度化后，并且沮丧到一定程度时，人们需要至少换个方式参与某种挑战——无论是力量上的、技能上的，还是英雄主义的壮举——来维持其在社会中逐渐减弱的生命意识，而大规模场景意义上的体育运动，因其意外的可能性增加了人们潜在的兴奋和刺激，所以便会在此刻适时出现。”对体育文化来说，它接近生命的终点，追求刺激和伤害，其典型特征是对喧闹、轰动、受虐倾向、爆发及最终的流血伤亡的呼唤。作为这一点的例证，芒福德（Mumford，1934）不仅提到了恺撒（Cäsar）统治下的罗马和蒙特苏马（Montezuma）统治下的墨西哥，还提到了纳粹统治下的德国。“这种男性阳刚气概的替代品和虚张声势的表现恰恰是证明人们具有集体无能和普遍性死亡冲动的可靠论据。”全球机械化和技术化的主要目标在于使一切都具有可计算性和非随机性，而体育则反过来歌颂随机事件和意料之外的事件。被机械化压抑的人和物在体育比赛中相遇，前者用充沛的感情表现武装自己，塑造惊人的感性回归。发生意料之外的事时，人们会惊恐地叫嚷，这不是惊讶的表现，而是满足了某种预期的评价。有声影像媒体继而通过新闻和一周新闻简报将轰动事件和刺激场面在世界范围内广泛传播。生活的不断重复带来了枯燥、无聊，因此人们产生了更多对身体暴力的新需求。

荷兰文化历史学家和哲学家约翰·赫伊津哈（Johan Huizinga）也在其《游戏的人》（1938 年）一书中探讨了现代体育，并且假定了失去游戏性元素的体育并不具备深层次的与文化相关的内涵意义。在技术、组织和科学的帮助下，体育只能充分发挥古时候的竞技本能，但是无法实现构建社群和创造文化的效果。1933 年，生理学家和心理学家弗雷德里克·J. J. 拜登迪克（Frederik J. J. Buytendijk）分析了“游戏的本质和意义”。他指出了儿童时期的依恋冲动和自主性之间的紧张关系，并为未来的博弈理论奠定了重要基础。他认为，游戏的任务是为个人提供一种机会环境，“在那些严肃的行为无法做到的情况下，实现个体的自我意识，发挥个体的个性，直接探索个体最大的兴趣所在”（Buytendijk，1933）。他将从“纯粹的游戏”到体育的过渡描绘成一条从自发行为向受约束演变的道路，一次从非专业化行为到行为完善和以目标为导向的成绩提升的变革。“对游戏中行动的自由进行限制的规则，成了体育运动的规则，这些规则决定了一项运动的行为必须按照特定的规范完成。……而正是在追求完美的特定行动表现的过程中，体育运动奠定了其自身价值和规则。纯粹的游戏不包含这些规范性要求，属于完全不同的生活领域。动物的活动是玩耍嬉戏；只有人类的活动才叫作体育运动，而体育运动如果没有规范，就没有精神，就不会成为体育运动。”（Buytendijk，1933）拜登迪克认为体育规则具有“负面意义”，因为它们不是在确定什么是允许的，而是在确定“什么是不允许发生的”（Buytendijk，1933）。游戏是无目的的、无缘由的、面向无限可能的；体育则遵循着“执行计划”，并且会在时间和范围上受到限制。他认为，“如足球、网球、国际象棋和纸牌游戏等高等游戏”成功的秘诀在于其不可预测性，以及“运动中的你来我往”。除此之外，拜登迪克还在其分析中指出了一个重要情况，即游戏者同样在被游戏着，“游戏的含义不只是某人用某物游戏，也是某物游戏着某人”（Buytendijk，1933）。

符号互动论的奠基人之一乔治·赫伯特·米德（Mead，1934）指出了孩童游戏（play）和有组织的比赛（game）之间的区别，角色扮演如何运作，以及“泛化他人”对孩童的自我身份发展的意义。简单的游戏通常是模仿他人，比赛则是“一个通过自我组织发展人格的例子。只要孩子吸收了他人的举止并允许这些举止决定他在共同的目标方面的行动，他就会成为社会的有机成员。即他接纳了这个社会的伦理并成了其中一员”（Mead，1934）。

20 世纪 60 年代早期，体育运动开始出现在法国休闲社会学研究的领域内，学者们强调了其与其他休闲活动相比的重要意义（Dumazedier，1960a，1960b，1963）。体育被视为消费社会的一部分，也被认为是人们从劳动世界的束缚中解放出来的机会。罗歇·凯卢瓦（Roger Caillois）在几年前试图给繁杂的游戏文化带去秩序。因此，在其经典的、引起众多关注的《人与游戏》（Caillois，1958）的开头部分，他就尝试对游戏进行正式界定。游戏对他来说有着以下特征：自愿参与和无强制性、游戏过程的时间和空间局限性、游戏的流程和结果的公开化和无创造性，以及在“第二重现实”框架下游戏行为的规则化和虚拟化。在其博弈论的发展中，凯卢瓦放弃简单采用常见的卡牌游戏、技巧游戏、社会游戏、竞技游戏或赌博的划分方式，而是主要观察已知游戏的结构化特性，并根据“竞争类”“概率类”“模拟类”和“晕眩类”四个标准来划分游戏。凯卢瓦认为这四种游戏类型处于两极之间，即介于“Paidia”和“Ludus”之间[12]。“Paidia”代表自发的、即兴的、放纵的、混乱的和无序的。相反，“Ludus”代表游戏中的能力导向和严肃态度。通过研究和思考，凯卢瓦不仅试图创立游戏的社会学，而且希望能发展出一种源于游戏的社会学理论（Caillois，1958）。借此，他为数年后布赖恩·萨顿－史密斯（Brian Sutton-Smith）构建关于游戏和社会复杂性之间紧密联系的理论奠定了基础，而勒·布雷东（Le Breton，1991）有关风险和冒险体育的研究也是基于此。

法国符号学家罗兰·巴特（Roland Barthes）在其《神话学》一书中提到了关于环法自行车赛（Barthes，1957）的两个模型和“摔跤世界”（Barthes，1957）。他利用日常和大众文化中的这些例子，表明现代的、拥有“启蒙的”和“去魔幻化”特征的社会会不断产生新的神话和英雄。巴特指出，人们通过法国一年一度的“环法自行车赛”接受自然的洗礼，而自然则反过来变得人性化。评论员将凶恶、危险和阴毒等特质归因于山脉。环法自行车赛有四种典型的行为形式：领先、跟随、逃避和崩溃。谁率领大部队，谁就要作出最大的牺牲。领骑者将用自己的身体挡风，并给队友创造一个可以隐藏其中并能从疲惫紧张中恢复体力的避风港。跟随者则总是带有一点懦弱和背叛的特性。事实上，跟随者寄生于领骑者的行动。相比之下，根据巴特的说法，逃避者则具有英雄主义的气质。骑手独自骑行，他们通常会在很长一段时间孤独地自我牺牲之后被其余的队伍“吃掉”和“吞下”，从而成为一个明显的、被区别对待的牺牲品。崩溃者则由于过度疲劳或肌肉过度酸痛，在某一阶段放弃了逆流而上，表现为公路上符码的完结。此时，身体违抗骑手的意愿，遵循自己的逻辑[13]。在《神话学》一书中的另一篇文章里，罗兰·巴特致力于研究“摔跤世界”。他强调了摔跤的表演特征，并指出这种暴力的活动并非体育，而是一场表演，其中夸张的手势和侵略性的身体动作及过度扭曲的身体姿势，会向狂热的观众传达来自英雄式和无赖式的鲜明信息，以及胜利、复仇、痛苦和正义的戏剧性情绪。

社会学家和哲学人类学家赫尔穆特·普勒斯纳（Helmuth Plessner），合理地表达了他对20世纪50年代的惊讶，尽管体育具有“非凡的时代意义”，但从德语社会学和人类学的角度来说它一直被忽视。他将体育看作一种“基本的特征”，是“我们现代社会中文化状态的基本表现”，并描绘了体育社会学的轮廓。他在映像和补偿理论的背景下探讨了体育与现代工业社会之间的关系，并认为体育有积极的作用，既可以有效地激活身体，又可以使人们在比赛中更加具有社会辨识度。体育不只是游戏，因为成绩在其中扮演着十分重要的角色。由于在体育之外，能够向上走的“机会和力量”稀缺不足，因此人们在不断寻找替代品，并最终在体育中找到了。日常工作通过合理化的过程变得更加高效，时间更加碎片化，似乎也流逝得更快，人们对无目的工作的兴趣也逐渐增加。低分化社会中的游戏尤其适合作为介质来观察个人日常生活中的压力和困境。“在人类将自身作为劳动者来理解时，”普勒斯纳（Plessner，1967a）说，“他们遗漏了相对的领域。”[14]

阿诺尔德·格伦（Arnold Gehlen）在对“技术时代的精神”进行文化批判性研究的背景下指出，由于“经济和利益的压迫”和“制度的非感性”而产生的已改变的“体验方式”，已经在私人和公共领域有所体现。他断言，即使是体育运动也已转变为被动献身于大众的“演出”。此外，体育如今已成为“民族怨愤的避难所”（Gehlen，1957），而不断发展的商业化给体育带来了“狂热、愤怒、花招和新闻策略”。于尔根·哈伯马斯（Habermas，1958，1967）也在其《关于工作和休闲之间关系的社会学笔记》中指出，体育运动只是劳动过程在休闲领域的延续。体育在游戏的幌子下，早已沦为表演型运动。职业选手成了观众花钱来观看和消遣的对象，体育中只有很小的“私有化的部分”尚未被纳入市场机制。

我们在第一章中介绍了体育社会学权威的开拓者和思想先驱，并概述了其思想内容。为了回答在序言中描述的“我从哪来”的问题，第二章旨在辨明体育社会学发展过程中的不同阶段，试图强调超个人的观点和关系，确定体育社会学的发展过程并构建相应的研究范畴。此外，第二章将阐明社会学相关思想的形成背景。需要注意的是，对其各发展阶段的命名始终代表着观察者在后期对其的理解，为追求模型理论的利益，因此相应地大幅度减少了复杂性。为这些发展阶段注入活力的学者也必将引发其他研究范畴的思考。

# 第二章　发展阶段

自19世纪中叶起，体育学的初期发展就处在民族学家、文化人类学家、经济学家、心理学家、教育家、哲学家、历史学家、作家、早期社会学家和文化批评家对体育和游戏进行附带的、陪衬的和无组织主题的研究阶段。当时的研究者通常只发表涉及日常理论的体育见解，或者不加质疑地全盘接受体育教育者和运动员持有社会化和一体化看法的合法化言辞。在当时，体育要么被笼统地归入身体上不体面、智力上无要求及堕落的领域，要么被不加批判地看作极有教育价值的媒介，能够以特殊方式有针对性地解决时代的缺陷和劳动生活中不断产生的情感贫乏等问题。对于许多人来说，体育是真实存在的能对抗衰落的产物，它的产生源于人们对社会现代化过程带来的粗暴变化和不确定性的反应。当德国开始建立体育协会和联盟，并通过引发群众热情以取得关注之后，大众对体育的讨论从世纪之交到第一次世界大战伊始逐渐增多了。人们试图从各个角度观察和理解这种新兴的体育现象。

爱德华·贝尔茨（Eduard Bertz）撰写了第一部全面介绍自行车运动发展的社会和文化史著作，讨论了这种作为交通工具、教育手段及“文化使者”的新型交通工具，权衡了自行车运动商业化的利弊，探讨了自行车运动对妇女解放的作用，评论了功能合理的女性骑行服装的先驱意义。他认为自行车是“女性解放的预兆”，因为它刚好给女性带来了“充满力量和乐趣的运动，可以让她们呼吸到室外的新鲜空气”而这些正是女性从未体验过的。由于骑行是一项“危险的运动”（Bertz，1900），因此女性骑行附加的第二重好处便是她们可以获得“专注、谨慎、从容、坚定、勇敢和毅力”。通过自行车运动，女性可以增强自己的身体素质，提高“精神”和“道德”品质上的德行，并将其用于她们的“解放斗争”中。然而，贝尔茨对女子自行车比赛持怀疑态度。他认为它们只服务于“男性的欲望”，而且是“对女子天性的偏离和犯罪”[15]。针对忙碌、噪声和空间拥挤带来的不断升级的、神经紧张的城市生活，他没有如人们所预期的那样提出类似格奥尔格·齐美尔（Simmel，1903）的建议（Bertz，1900）——将骄傲自大、冷漠拘谨、个人主义和奢侈铺张当作应对措施；相反，他支持广泛使用自行车，即支持一种以身体和运动为导向的实践：“那些处在任何地位和年龄都无法逃脱的现代生活的过度刺激和一切形式的神经衰弱，在自行车运动面前都不得不低头退却。”

欧根·桑多（Sandow，1904）也将其同时代人缺乏精神力的表现视作一种常见病，他想通过一种新的身体文化来消除这种疾病：“许多人晚上疲惫地上床睡觉，清晨又一身疲惫地醒来。也许大部分人都清楚，日夜承受着过度竞争引起的神经紧绷意味着什么。”他建议人们用哑铃、球杆、腕部负重装备、铁饼、棍棒、“胸肌强化器”和拉伸器械进行力量训练来改善这种情况。这种训练不仅仅是为了锻炼肌肉，也是为了培养人们的意志力和“训练自我控制和节制的习惯”。此外，人们可以通过定期进行以力量为导向的训练获得自尊和他人的尊重，并能“整体提高整个人种的平均体质”。实现目标不是对力量型运动员的奖励，通向目标的过程本身才是如此。为了使他的主张尽可能贴近更多的人，桑多将他的想法以体态化的形式带到了舞台上。他的力量展示和歌舞杂耍表演吸引了全世界的观众，并于20世纪初成为首个经常被效仿的现代力量体育和健美宣传者。他接受与人类或动物搏斗的挑战，并赢得了许多赌注。在工作室拍摄的照片中，他会模仿古希腊和古罗马雕像的姿势，也会扮演绅士和花花公子的角色，还会以运动员的样子出现。在所有的表演中，他都将自己塑造为完美男性的形象，并提供了一个如今健美先生在表演中仍在借鉴的蓝本。桑多用以肌肉为基础的阳刚之气弥补了迄今为止理想男性缺失的美感和力量。因此他成了众多女性和男性渴望的对象，尤其是他在表演中经常只身着无花果叶和罗马式凉鞋登场，这即使在现在也是十分不同寻常的。他建立了以裸体、白人、肌肉发达的男性身体为主导的美学参考体型，而这也成了男性统治的复兴标志和自我蜕变意志的物质基础[16]。

虽然19世纪下半叶的妇女解放运动给男性造成了相应的不安全感，但男性在力量运动中仍然能够创造，并以明显的方式展现出古典男性之美。男性仍可以借助哑铃去展现特定的品质，这些特定的品质在工厂遍布的机械化世界和官僚机构的办公室里已经变得多余。随着诸如内燃机和低声“嗡嗡”作响的发电机组等技术发明的涌现，男性的肌肉早已在大部分劳动生活中被技术所取代。在新的员工角色中完成典型的工作流程，并不需要结实的肌肉。国家手中的权力垄断也导致男性将其主要基于体能的权力基础转移到了外表上。随着远程武器的出现及杀戮的去人格化，军事方面也不再对肌肉强壮的士兵有大量需求。相比之下，桑多所宣传的力量体育则代表了一个尊崇力量的特殊世界，在这个世界中，被排斥者经过严格的蜕变过程后，会以新的身体和人格理想典范重回社会。大众媒体和19世纪下半叶兴起的摄影技术引起全世界开始关注营养过剩和身体肥胖对男性身体的影响。

桑多（Sandow，1904）像贝尔茨、齐美尔和同时代的许多其他人一样，将现代神经疾病的现象与“神经衰弱”联系在一起，这一词是由纽约神经学者和电疗医师乔治·米勒·比尔德（Beard，1869，1880，1881）在多次公开发言中提出来的。社会变革导致的单方面过度紧张将不可避免地使人类的神经系统失衡，进而引起焦虑、疲劳、睡眠障碍、消化问题、阳痿、头痛和紧张等问题。由于经济竞争、宗教思想腐蚀、蒸汽机兴起、大众媒体和科技进步及妇女解放等，社会发生着巨大的变化，比尔德将这些变化看作“神经衰弱”出现的导火索，而“神经衰弱”在那些身居高位的人身上特别明显。他推断，过度使用身体某个部位的有限能量，会导致身体其他部位的亏损。经济竞争导致的心理活动的增加会反映在过度疲劳、增加大脑能量的消耗及外形消瘦上面。他希望人们能通过从过重的负担中解脱出来，并通过饮食、洗浴和电刺激等方式来实现能量储备的再平衡。他首次在社会发展与生理和心理状态、现代化与健康和疾病之间建立了明确的联系。他的这种解释方式，一直延续到了第一次世界大战开始之前，还引发了医学和精神病学的变革，而且还对体育产生了一定的影响[17]。

作家和笔迹学家海因里希·施泰尼茨（Steinitzer，1910）曾在一项小型研究中思考了“体育与文化”（重点考虑登山运动）之间的关联，批判性地研究了当时的竞技体育，并在名人的身体和禁欲中看到了崇高品格的苗头。值得注意的是，施泰尼茨在一百年前就已经精确地指出了体育的矛盾性。即体育既对社会变革引起的“危害”进行了“补救”；但它又基于相同的原则创造出了另一面：以成绩为导向并狂热地追求纪录。此外，体育本身具有回归自然的倾向，从而进一步促成了自然的毁灭。它还渗透到了那些“在本质上抵制过度文明化的社会领域；即它激荡着我们那个时代躁动不安的灵魂”。体育也在其他领域激发了人们的竞争思维和嫉妒心理。在那些竞技追求占据主导地位的运动中出现了文化“衰退”，其特点是体育精神、对创造纪录和优异成绩的无限追求、拼命成为某个方面第一人的疯狂、对速度的不断追求和民族主义，这让传统的登山运动几乎无立锥之地，而施泰尼茨认为登山运动就是一种有可能对抗文化衰退的疗愈手段。

1914 年，安东·芬德里希（Anton Fendrich）发表了一篇题为《体育、人类和运动员》的文化哲学论文，论述了体育中的矛盾心理。他将体育称为“青春之泉”，如果使用得当它可以创造出一种“新文化”和一批“新人类”。然而，他也将体育视作威胁，并阐释了相应的危害。被他称为“体育魔鬼”的运动员将体育看得过分重要，芬德里希认为他们行为的唯一意义在于实现大众期望的纪录，以及在竞争环境中不断尝试着顽强战胜对手。“人应该训练体育，而不是体育训练人”（Fendrich，1914）。芬德里希继续批判“教书先生”“谨小慎微的人”和“懦夫”，因为他们认为体育是一件巨大的恶事，“在想要建立新秩序的地方到处都能嗅到乱象——所有这一切都是因为体育是一种身体活动，而他们只会自我限制、停滞不前”（Fendrich，1914）。对于那些“将体育运动视为人类最先进的普适治愈方法和德意志民族重生的唯一道路的人，也应该报以‘不失礼貌的微笑’。因为这种迷信的人和那些愚蠢的怀疑论者同样危险”。与之相反，芬德里希在体育的自然和身体导向的本质中看到了一种重要的整体性，它与日常生活中的机械化、官僚化和割裂化相对。他批判体育训练的历史性根据，指责室内体操，呼吁“无须指导的青年运动”（Fendrich，1914），并主张游戏性的、业余导向的和多样化的体育用途。由于时代的局限性，芬德里希在对“体育人类”的研究中很少涉及女性，主要研究的是进行体育运动的男性。

所有这些进步的尝试都表明，体育运动的适用性会普遍受到检验，体育引导人们参与运动，并带来健康的效果，是为了阻挡社会中的主体敌意、加速退化和逐渐去男性化的变化。体育的主题体现在对职业体育的激烈批评中，大多数观察者甚至无法将职业体育视为体育。通过训练和竞赛挣钱，以体育为生，这类人在当时被当作异类，因此他们的行为被视为是非体育性的。相比之下，许多观察者都高唱业余体育的赞歌，歌颂纯粹以健康为导向的体育功能。这种新颖的体育现象在文学中也引起了相应的共鸣（Görtz，1996；Fischer，1999；Fleig，2008），因为它将运动带入日常生活，吸引大众，将人们的注意力从克服自身生存的艰辛中转移开，适合当地、地区和国家的身份认同需求。体育被视为一种对新的、充满活力的生活方式的表达，它让人们能够通过积极的自我实现和被动的观看，尽情享受现代化的快节奏生活。但是，当体育在此背景下成为一门科学学科的主题时，它就不会再对体育、游戏和社会之间的关系进行全面而有组织的社会学反思了。格奥尔格·齐美尔和马克斯·韦伯在竞技比赛的形式中提及了体育运动，这仅仅是为了他们在研讨宗教和冲突社会学及社会学的规则时，可以给人们提供易于理解的例子——当时正值体育已在大众中产生了积极的作用。

部落社会及欧洲和欧洲外的先进文明中的身体活动，由于行动和竞争相似，一般都被视为体育，而当时的研究分析努力从人种学或历史学的视角忍受着这一点。在分化程度较低的社会中，身体和游戏活动被纳入“体育”的范畴，并作为“体育”被讨论，尽管它们具有一些结果公开性、形式一致性、成绩提升、追求纪录、公平竞争和抵制暴力等特征，但体育的意义、原则，以及书面规则和专业化的组织形式很久之后才在英格兰诞生，这阐释了体育本身的发展并非线性的。与此同时，早期的德国体育研究偶尔会表现出种族中心主义和文化沙文主义，这从今天的视角来看只会被描述为种族主义的和傲慢的。例如，莱比锡人类文化学博物馆馆长卡尔·沃伊（Weule，1926）从文化人类学的视角，将有先进文化的民族和原始民族严格地区分开，否认了大多数人认为的“自然和原始人的体育”具有能和“白种人”的体育相提并论的“文化价值”。这一观点在《所有民族和时代的体育历史》（Bogeng，1926）中的一篇里程碑式的文章中有所体现：“从总体上讲，所有这些民族都是人类的重要组成部分。但在我们看来，他们（原始民族）的价值与白种人的文化价值无法相提并论，因为他们或多或少是落后的。除了发展程度与我们相差不远的民族之外，还有许多其他尚未达到我们的发展水平的民族；事实上，处于金字塔底端的民族，发展速度几乎不易觉察，他们仍然处于人类早期的发展阶段。”因此，沃伊的人种学自我认知和同理心远不如乔治·卡特林（Catlin，1841）和爱德华·伯内特·泰勒（Tylor，1879，1896），后者的自我认知和同理心在非欧洲文化的观察和研究中均有体现。

民族学、文化人类学、历史学、教育学、医学、心理学、体育学、早期社会学、文化批评及文学等都曾对体育和比赛进行过零散的分析。此后，海因茨·里塞于1921年在《体育社会学》中首次明确尝试将体育社会学专业化，体育社会学由此进入第二个发展阶段。由于该专著内容的一致性和解释性不强，加之体育和社会学在当时学术界的地位不高，紧接着纳粹上台，这本专著的发表并没有引起多少反响。几年后，恩斯特·克拉夫特（Krafft，1925）批评了里塞对工人体育运动的陈述，并笼统地将他的作品描述为“不科学的”，而他自己也没有进一步参与将体育社会学塑造成一门科学学科的相关工作。相反，他为社会主义社会秩序辩护，并指出工人体育运动对促成集体形成的意义。弗里茨·哈默（Hammer，1933）仅在其关于大众体育的论文的参考文献中提到了海因茨·里塞的作品，并没有在正文中详细探讨里塞的论述，也没有指出体育社会学进一步发展的可能性。维利·拉滕（Latten，1934）在《科隆社会学季刊》中发表的关于“体育官僚化”的文章也只和里塞的研究略有关联；他主要致力于研究体育规模的增长，以及体育官僚机构与协会成员之间的鸿沟已经在魏玛共和国产生的后果。拉滕预测了体育协会发展的一些问题，这些问题到几十年后才被德国的社会学协会所重视，在文章末尾，他要求在组织性的体育运动中引入领导人原则，以此向纳粹效忠。但是，他没有提及有组织的体育运动由于与纳粹意识形态具有一致性而导致的破裂和后果。体育社会学作为一门仍在形成过程中的学科，还无法成为独立的研究主题。在两次世界大战之间，不管是里塞（Risse，1921）、克拉夫特（Krafft，1925）、哈默（Hammer，1933）还是拉滕（Latten，1934），他们都未能对体育社会学展开广泛而直接的后续讨论。1960 年以后，只有里塞的作品因标题独特明确、能够获得认同而被德国体育社会学研究者所熟知和引用。

玛丽亚·克莱恩（Kloeren，1935）和赫伯特·舍夫勒（Schöffler，1935）曾撰写过有关英格兰体育运动的著作，内容翔实，但其中并未涉及体育社会学，只是明确地提出了“文化社会学”的定义，即便是诺贝特·埃利亚斯（Norbert Elias）在法兰克福大学的老师卡尔·曼海姆（Mannheim，1935）在移民到英格兰后也只在简短的评论中提到过体育，并将其作为塑造和升华被压抑的天性的机会，但是他参考了里塞、克拉夫特、哈默、克莱恩和舍夫勒的作品。在美国，城市和技术社会学家刘易斯·芒福德（Mumford，1934）对他那个时代的体育进行了敏锐的批判。他对“体育与‘女财神’”的论述既没有在德国社会学中引起重视，也没有融入现有的知识体系。例如，那些在美国很早之前就有的类似引入专业联赛、体育商业化和媒体化，以及将竞技体育纳入大学培训系统的体育发展，当时却并未在德国出现，因此也并未成为他深入思考的对象。

1933 年后，德国的社会学实际上已不再作为一门独立的学术学科而存在，也没有涌现出新生力量。许多社会学家不得不离开德国，一些人或被强制退休，或成了纳粹“清洗过程”中的牺牲品。1933 年之前，柏林、法兰克福、海德堡、科隆和莱比锡 5 个城市中的德国社会学研究被集中解散了（Lepsius，1979）。由利奥波德·冯·维泽（Leopold von Wiese）主编的《科隆社会学季刊》于 1934 年停止发行。汉堡大学社会学课程的教员职位虽然仍存在，但已经无法发挥更大的社会学影响了。仍在其他城市开展的少数社会学课程被定位为“种族的”和“德国的”，并服务于稳定和合法化的纳粹统治意识形态。直到第二次世界大战结束 7 年后，普勒斯纳（Plessner，1952，1956）才对体育社会学的内容设计提出了粗略的建议。然而，他的短篇文章出现在非社会学的出版物中，对建设体育社会学没有起到什么作用。

20 世纪 50 年代，社会学重新在德国立足生根，1955 年已经设立了 12 个教员职位，相当于恢复到 1932 年的水平。正如莱普修斯（Lepsius，1979）在其关于《第二次世界大战后社会学的发展》一文中分析的那样，社会学已经成了“一门处在其所属院系的边缘的选修科目，并通过同其他院系的界限与其他学科的区分来指向自身”。它从再教育和促进民主的努力中得到的好处远少于政治科学。20 世纪 50 年代中期，大学中的社会学仍被归入人文科学。其大部分研究在大学之外的重建或新建的机构中展开。20 世纪 60 年代末，大学的教学任务增加，社会学扩张，其研究能力缺乏的问题便逐渐显现出来了（Lepsius，1979）。在1959年柏林召开的第14届社会学大会上，“创始一代”过渡到“战后一代”，在大学获得授课资格的新生代科学家首次登场，其中一些人——汉斯－保罗·巴尔特（Hans-Paul Bahrdt）、拉尔夫·达伦多夫（Ralf Dahrendorf）和海因里希·波皮茨（Heinrich Popitz）——当选为“德国社会学协会”理事会的成员。1960—1970年设立了更多的社会学教员职位。

在第二次世界大战结束后的20年中，由于理论上的强化[18]及分析和调节潜力的增强，社会学得到了极大的重视。20世纪60年代，体育社会学的发展在制度上开始腾飞，进入第三个发展阶段。随着首个国际协会的建立，体育的社会学分析不断深化，在数量和质量上也有了显著的增加和提升（Lüschen，1980）。认知专门化逐步成为现实，自我指涉的沟通关系开始逐渐分化。此时，新生代社会学家发掘出了体育的新功能，将其作为一个可以获得科学性先锋利益和个人利益的主题。这一发展从勒内·柯尼希（René König）的研究中受益匪浅，他在移民后从瑞士回到德国，并于1949年被任命为科隆大学的社会学教授。在接下来的时间里，他努力使德国的社会学与国际理论水平接轨，并从中形成了一种经验性的独立科学，这标志着他与所谓的法兰克福学派的社会学理解明显不同，后者更多地着眼于社会哲学和文化及社会批评领域。柯尼希是国际社会学协会（1962—1964年）的联合创始人和时任主席。德国体育社会学中十分德高望重的学者京特·吕申（Günther Lüschen）曾被迫在20世纪50年代末离开德国，在奥地利的格拉茨大学获取体育社会学方面的博士学位（Lüschen，1959）[19]。如今，人们已经可以用社会学的理论和方法来研究体育，并且系统地建立了与其他分析的联系。吕申（Lüschen，1960）在《科隆社会学和社会心理学》

上发表了一篇题为《体育社会学绪论》的文章，这使体育社会学研究在德语学术界有了一席之地。他于1963年在同一期刊上用一篇《年轻运动员的社会分层和社会流动》对上一篇文章进行了讨论。在法国，乔治·马尼昂（Magnane，1964）出版了第一部法语体育社会学专著。热拉尔德·S. 凯尼恩（Kenyon，1966）在几年后将体育社会学描述为社会学的一门子学科，并与约翰·W. 洛伊（Loy，1969）一起出版了第一本英语版体育社会学的读本。[20]埃里克·邓宁（Dunning，1971b）是诺贝特·埃利亚斯（Norbert Elias）的学生，随后发表了一系列体育社会学主题的文章。在德国，社会学家库尔特·海姆里希（Kurt Hammerich）和克劳斯·海涅曼（Klaus Heinemann）在他们的《体育社会学文集》（Hammerich，et al.，1975）中发表了外语文章。迪特尔·福格特（Voigt，1975）阐明了民主德国体育社会学的发展，讨论了体育社会学在历史唯物主义中的政治工具化，并通过其无法帮助竞技体育提升成绩的特点论证了其制度化的迟缓。京特·吕申等（Lüschen，1976）在各自的著作中都发表了与体育社会学相关的文章。1978年，格特·霍特雷德（Hortleder，1878）阐述了“后工业社会中的体育”。1979年，波兰体育社会学家安德烈·沃尔（Wohl，1979）试图用“历史唯物主义的方法”分析体育社会学的研究成果。威廉·霍普夫（Wilhelm Hopf，1979）提出了“体育社会学批判”，他依据克里塞蒂安·格拉夫·冯·克罗科（Christian Graf von Krockow）、京特·吕申、安德烈·沃尔、诺贝特·埃利亚斯、埃里克·邓宁、亨宁·艾希贝格（Henning Eichberg）[21]和格哈德·芬奈（Gerhard Vinnai）的研究，呼吁人们在社会学体育分析中更多地关注“社会”的构建。

1964年，体育社会学通过建立国际体育社会学协会（ICSS）获得了重大的发展和包容性的增长，该协会是国际运动和体育理事会（ICSPE）及国际社会学协会（ISA）的子协会，于1966年起创办了体育社会学的国际交流论坛，有了专属期刊——《体育社会学国际评论》。由于该协会一直致力于在各成员国的科学领域中突出和建立体育社会学，且国家的努力也需要个人的帮助，所以上述进展为各国体育社会学的发展提供了重要支持。随后，该协会举办了一系列关于各种不同主题的国际会议，协助建立了一个体育社会学爱好者的小型社区，并提高了体育社会学的知名度[22]。

1970年，科隆联邦体育科学研究所（BISp）成立，它标志着德国体育社会学发展的另一个里程碑，因为后续重要的实证研究项目正是由联邦内政部（BMI）的这一专业分支机构发起的。在研究项目的框架内，年轻科学家有机会从社会学的角度及学术的角度分析体育的结构和发展过程。1971年，学界在将体育发展为一门主题科学的道路上迈出了重要的一步，即德国科隆体育大学获得了可授予博士学位和博士后的资格，在当时——与生物力学、教学法、教育学、实验形态学、心理学、心脏病学、运动医学、音乐教育学、哲学、生理学、复原医学不同——体育社会学还没有自己的教授职位。在科隆体育大学，体育社会学的主题最早是由勒内·柯尼希的学生——米夏埃尔·克莱因（Michael Klein）提出的。

20世纪70年代后半叶，德国的体育社会学进入第四个发展阶段——大学的建立和巩固阶段。至此，体育社会学成功地从角色分化层面转到了系统分化层面。其结果是体育社会学作为二级专业学科得以建立，进而“反向巩固了”角色分化（Stichweh，1994）。科研人员第一次被委以独立的教员职位，能够持续从事体育领域的社会学研究和教学，确定学科特定的主题焦点，培养专业的全日制大学生。关于体育社会学重要性逐渐增加的论述可以通过实例证明。罗尔夫·克利马（Klima，1979）在《科隆社会学与社会心理学》上发表的《1945 年以来的德国社会学》分析了 1950—1975 年西德大学和柏林社会学教学的发展情况。在 1950—1970 年，他连一门体育社会学的课程都没有找到。直到 1975 年，他才在 2 416 门课中找到了其中的 23 门相关课程，这一数据可以清楚地说明体育社会学在社会学教学中的地位。大学与体育科学之间的联系发展缓慢，造成了严重的后果：体育社会学在结构方面被迫向其开设机构，在科研能力和课程设置方面证明自己。它必须采用自我观察和反思的形式，编写学习和教学材料，并在理论和方法上接受考验。当时的大学行政机构和院系，以及体育的专业联盟都没有明确表达过期望筹集大量第三方资金或承诺开展面向体育的应用。[23]

德国的体育社会学并没有如人们最初认为的那样在社会学院系中找到其在大学中的位置，而是在新成立的体育科学中找到了立身之本。1975 年，贝罗·里高尔（Bero Rigauer）在奥尔登堡大学的体育科学研究所获得了第一个体育社会学的教授职位。冈特·格鲍尔（Gunter Gebauer）于 1978 年接任柏林自由大学的体育哲学和社会学教授职位。福尔克尔·里特纳（Volker Rittner）于 1979 年获得了科隆体育大学的首个体育社会学教授职位。然而，由于已经建立的学科呈现出的统治性垄断，其知识的可技术化并不突出，体育社会学只能在体育科学中获得相对狭窄的发展空间，而且它从未实现过自然科学学科的量化传播。即使是主要以规范化为导向的体育教育学，现在也通过其在教师培训中的固有地位获得了比体育社会学更广阔的院系基础。而且在今天，德国仍有许多体育科学机构没有独立的供体育社会学教授教学和办公的区域。因此，与其他体育科学学科相比——就其传播、起源和需求而言——将体育社会学称为边缘的和迟来的学科并没有错。

随着体育的蓬勃发展，新一代的年轻人对体育理论也产生了兴趣，教职分配的变化和大学形象的转型，使体育社会学自20世纪80年代后期进入了内容分化和多样化的阶段——但它仍面临着因分化及内部退化而失去学科统一性的危险。在这第五个发展阶段中，体育研究主题的多样性显著增加，理论导向也成倍增加。整体而言，体育变得更加复杂和多变。然而，研究人员的研究兴趣也开始逐渐分散。在此期间出现了两个来自不同起源环境的体育社会学分支。一个隶属于德国体育科学协会，另一个隶属于德国社会学协会。后者将身体主题纳入研究范畴，将学科名字改为“身体和体育社会学”，并由此表达了其对感官的偏好和对逻辑的理解。身体主题与体育社会学的紧密联系是一个研究主题，因为身体是社会环境的一部分，所以它也具有经济、政治、媒体、教育、艺术、宗教、法律、性、健康及疾病导向的相关性。因此，人们也可以将身体主题分配到其他领域，或者必须重新建立一个全新的身体社会学领域。体育外的身体主题占主导地位造成体育和体育社会学在德国社会学协会研究的边缘化，已经是这一合作和重命名决定可预见的结果。

目前，在德国大概有十几位教授专门研究体育社会学或“体育与社会”这一主题领域，与其他学科相比，这一数量微不足道。在德国社会学中，体育从未成为教学和研究领域的正式核心组成部分。体育既没有被囊括在专业的研究生课程中，也没有在普通的本科和硕士教育中创造重大意义。直到今天，它仍是个边缘话题。由于缺乏体制支持，体育在社会学角度的社会和当代诊断中实际上起不到任何作用，这一点不足为奇。如果说体育在大学的社会学研究所曾被作为主题讨论过，那这就是科学界个体成员的贡献了——他们发掘了体育作为业余爱好的角色并将其纳入了专业的研究组合。表1梳理了体育社会学的发展阶段。

表 1　体育社会学的发展阶段

| | |
|---|---|
| 第一阶段 | 通过民族学家、文化人类学家、经济学家、心理学家、哲学家、历史学家、教育家、体育教练、文化批评家、作家和 19 世纪中叶的早期社会学家进行的附带的、陪衬的和无组织的体育及游戏主题化；由外部相关认知兴趣主导；在早期的德国社会学家（格奥尔格·齐美尔和马克斯·韦伯）眼中，体育只是为了证明关于宗教社会学、冲突社会学和社会规则社会学思考的合理性而被偶尔提及 |
| 第二阶段 | 年轻的海因茨·里塞（Risse，1921）在标题为《体育社会学》的文章中首次明确进行了专业化尝试；由于工作的理论和方法论导向、复杂的时代状况及科学界对体育和社会学的低接受度，里塞的文章没有产生重大影响；直到 1935 年，体育才在社会学文章中被偶尔作为主题进行讨论；普通社会学家对体育的分析从 1952 年开始（特别是通过赫尔穆特·普勒斯纳）才在德国出现 |
| 第三阶段 | 1960 年体育社会学获得体制性的腾飞；1964 年成立了一个国际协会（ICSS）；迈出以德国（联邦德国/民主德国）、英国、波兰、芬兰、美国、加拿大和日本为主的全球科学界共同发展的第一步；举办国际会议；创办国际体育社会学期刊（IRSS/1966）；以足球比赛为例，形象理论著作（埃利亚斯和邓宁）的主导导致了体育的分化；经验论中强大的量化导向；1970 年联邦体育科学研究所（BISp）的成立为德国体育社会学的进一步发展提供了重要动力 |
| 第四阶段 | 通过在国家体育科学机构设立独立的教授职位，实现体育社会学在大学的建立和巩固：1975 年的奥尔登堡大学体育科学研究所，1978 年的柏林自由大学，1979 年的科隆体育大学；自我指涉的相互沟通的分化加剧 |
| 第五阶段 | 20 世纪 80 年代末以来，体育社会学的内容分化和多样化；通过定性研究补充定量范例；通过系统理论、习性理论、历史人类学方法及文化研究分析扩展现有的理论范畴；2004 年以来，《体育和社会》一刊使德国的体育社会学进一步赢得自主权 |

为了在已经存在的学科整体中建立自己独立的学科，体育社会学在很多方面建立了有效的约定。首先，它必须建立实际的专业，并将注意力集中在其环境——体育——的一个特殊方面上，并在社会学理论和方法的帮助下观察和分析它。通过这种聚焦分析，体育社会学能够获得一个独有的特征，并且可以作为与其他专业学科相区别的特征——逐渐形成了一些可以在文章和书籍中阅读到的知识体系，为进一步的研究提供出发点。随着时间的推移，积累的特殊知识有助于创建一个社会交流情境，一个学科特定的科学群体，与体育社会有关的出版物可以对体育社会学出版物有所回应。因此，体育社会学不是一个具有名字、头衔和地址，拥有肌肉、血液循环或任何心理特征的人的集合；相反，它更多的是一个以社会学方式研究体育相关主题的科学交流群体。通过以出版物的形式开放地（Stichweh，1987）建立构成自己学科的元素，它证明了自我指涉和自生系统的特质。因此，体育社会学家作为感知的、创作的和教学的人是必不可少的，他们的物理－有机建设过程和心理思维流程仍是这种从沟通中产生的科学学科的环境。然而，体育社会学只有通过与大学的科学系统有组织地联系起来，才能实现不依赖于人的持久自立。在这种背景下，将体育社会学纳入体育科学研究和教学的院系框架中是有深远意义的。如果没有其中的组织机构和大学职位、成绩名册和职业生涯的保障，体育社会学将不可能保持实质上的专业化和社会缔约，也不可能持久地建立体育在社会中的地位。

本章依次列举的发展阶段不应促成这样的想法，即在体育社会学达到某个特定的发展阶段之后，其他发展趋势、观点和方法将会完全停滞或最终结束。体育社会学并非体育和游戏研究的终点。像以前一样，仍然会有科学家从人种学、文化人类学、教育学、心理学、哲学或经济学的视角思考体育和游戏现象，并且他们总能为探讨提供有趣的见解。此外，文化评论家、作家和媒体人也没有停止以这样或那样的方式研究体育。体育通过经济、政治、法律、大众媒体、教育和科学发展逐步社会化，最终创造了一个非常适合替代性观察和描述的永久问题储备库。然而，在体制化的、有保障的体育社会学发展阶段，所有这些贡献都必须接受这样的事实，即通过不同的视角对体育社会学理论、方法进行观察和描述。最后，体育社会学不仅分析体育的各种表现形式，而且还将其观察者和使用者作为主题来研究。只有这样才能评估出体育通过与经济、政治、科学、教育、大众媒体及公众共同进化而产生的结果。这一点在现代竞技体育的整体化及休闲和大众体育的经济化中可以看出来。

# 第三章 影响力和推动力

自20世纪五六十年代开始，研究对象及研究领域的变化使体育社会学逐渐发生分化。从资源不足和稀缺的社会转变为资源过剩和休闲的社会之后，人们对体育的需求越来越大。它将越来越多的人纳入大众体育的主体活动，并且通过通信技术的发展，使观赏性体育越来越受关注。广大群众阶层第一次有了带薪休假，以及劳动后更长的休闲时间，可以参加各种各样的活动。1936年，柏林奥运会首次在选定的电视台进行节目转播，当时还没有出现狭义上的大众媒体，自20世纪50年代以后媒体才成为发达工业社会中私人生活的组成部分。一个独立的、以图像为导向的娱乐产业由此出现，并慢慢在体育中找到了其最重要的主旋律之一。竞技体育由于其特殊的戏剧性和表演性，国内和国际上的重大赛事——如奥运会、世界足球锦标赛、国家和跨洲竞赛以及各种联赛——很适合通过电视进行宣传，因为电视能够以高效的方式满足广大观众对娱乐和身份认同的需求[24]。经济和政治资源的外部涌入、借助大众媒体向全世界传播的体育赛事，以及由此产生的公众需求，不仅使体育赢得了自主权，而且使其发展成了一个全球公认的现象。

基于这种发展，体育在经济、政治和媒体方面引发的公众关注与其学术渗透之间的不对称变得更为显著。远离新闻分析和社交情境中互动的科学体育分析变得越来越紧迫，这最终导致了体育科学的分化，继体育教育学、体育史、体育教学法、运动心理学、训练和运动教学以及运动医学出现之后，体育社会学也找到了制度归宿。体育社会学不仅受益于大众对有关体育现象的定向知识的不断增长的需求，而且还受益于至少在20世纪70年代仍存在的作为规划科学的社会学光环。

体育科学及体育社会学通过持续利用体育在国家和国际政治背景下日益增长的重要性来促进自身规模的扩张。第二次世界大战结束后，西方资本主义国家与东方社会主义国家之间的两极分化对国际政治局势起着决定性作用。因此，欧洲的社会主义国家不久后便开始有目的地利用竞技体育来实现国内和外交政策的目标。例如，苏联将竞技体育统一化的规则进行工具化，进而减少这一多民族国家中持续威胁颠覆社会主义统一的潜在冲突（Riordan，1976，1977）。在民主德国，竞技体育被用来促进年青一代对这个国家产生身份认同感——因此它总是与德国统一社会党联系在一起。内政成功是社会主义与资本主义之间自我繁殖的“系统竞争”中缺乏经济成功的替代品（vom Stein，1988）。

因此，东西方之间的冲突并不只是表现为战争形式。例如：韩国、越南在象征性的、全球可见的体育领域中的冲突以“冷战”的形式进行（Wagg，et al.，2007）。基于其好斗的基本规则及其对胜败的关注，体育特别适合作为替代的、建立于规则基础之上的、相对无害的继任冲突方式。在国际比赛中，西方和东方国家及国家集团都希望将自己展现为更好的国家，并为其经济和政治状态赢得声誉。在联邦德国，体育与政治之间产生了相互利用的依存关系：组织化的体育将政治工具化，以获取稀缺资源并开始自身的扩张；政治则利用体育，一方面对内，利用体育成就在自己的社会成员中，以大众忠诚的形式激发集体归属感；另一方面对外，利用体育尽可能有效地贯彻国家形象政策。单个国家社会不仅在军事上，也在体育上相应地扩充升级（Bette，1984a）。联邦德国和民主德国的运动员为了选送共同的奥运会代表队而进行的淘汰赛，充满了象征意义，获得了很高的声望，有着极高的公众关注度和紧张度。

在1960年的奥运会上，东方阵营在奖牌榜上的优势地位已经开始显现。因此，西方人清楚地意识到，只有通过多年的高强度训练才能取得最佳体育成绩。在看到东方阵营国家，尤其是苏联和民主德国通过其系统的人才选拔和培养而在国际赛事中展现的成绩后，德意志体育联合会内部便开始思考如何弥补与其之间明显的成绩差距。很快（1961年），在从德国国家奥林匹克委员会（NOK）分离出去的"竞技体育科学和方法促进委员会"的倡议下，德意志体育联合会就训练方法、人才选拔和培养、教练和训练师培训等问题进行了讨论，并试图用一系列可行的措施解决这些问题。在1964年的奥运会上，主要由协会承担进行的成绩促进措施被证明效果不明显（运动员竞争力较弱），且传统的培训组织并没有取得预期的体育成果。在这之后一年，"一个'接受挑战'（Willi Daume）并且为了德国竞技体育而转变培养体系的政治决策"出现了（Gieseler，1980）。联邦成绩中心的建立、联邦国防军资助小组的成立、全职国家级教练的任命和"体育中学/体育寄宿学校"等讨论主题的出现，均证明了联邦德国在这一阶段为了提高成绩而做出的重要努力，即与那些由国家资助和管理体育，或者主要通过教育机构开展体育运动的国家拥有平等的竞争机会。德国国家奥林匹克委员会由于不再能够满足专业联盟的新规则、管理和资金需求，因此便分化出了一个工作组，1969年所谓的联邦竞技体育委员会（BA-L）就是由此产生的。

为了争取获得和联邦德国同样的作为一个独立国家的外交认

可（Strenk，1979），有针对性地利用其在竞技体育领域中的国际成就，民主德国将国内生产总值近 2% 的部分投资到体育运动中，使其成绩在国际上名列前茅。事实上，尤其是自 20 世纪 60 年代后期以来，民主德国在体育上获得的国际声望使其获得越来越多国家的正式承认，并且明显且成功地使联邦德国建立的哈尔斯坦主义——联邦德国威胁与承认民主德国的国家解除外交关系——失效了（Bette，1984a；Taylor，1988）。1965 年，国际奥委会决定不再像 1956—1964 年那样授权一支全德国的队伍参加奥运会，而是允许它们各自派出一支拥有不同国旗和国歌的代表队参赛，在这之后两个德国之间的竞争愈演愈烈。随后，两国展开了公开的较量和竞争，直到几十年后德国统一才结束。

在 1968 年的墨西哥城奥运会上，民主德国的运动员在新的起跑线上收获了更多奖牌，并热烈地庆祝了社会主义的优越性，这给予了联邦德国在体育方面“人造卫星式的冲击”。鉴于慕尼黑将于 1972 年举办奥运会，以及在自己的国家呈现出社会制度不如体育的“危险”，有组织的体育机构在政治上进行的相应调整，促进了体育科学机构的新一轮创业和资源的重新分配，希望借此能显著提高本国运动员在奥运会上的获胜率和奖牌数量。在这种“需求拉动”的阴影下，体育社会学随着时间的推移开始在体育科学研究所逐渐建立起来。

与其他学科相比，体育社会学进驻大学的过程十分缓慢，这是由于 20 世纪 60 年代末和 70 年代初，体育社会学未从有组织的体育运动中获得强有力的支持，相反，它被认为是试图动摇有组织的体育运动基础的颠覆性学科。当时由于学生抗议活动而形成的一个“体育新左派”，直到 20 世纪 70 年代后半期，它都对成绩的导向进行了猛烈抨击[25]，并且传达了一种片面的、间或高度意识形态化的体育社会学形象，这一形象在随后的一段时期内由于物质丰富和意识形态方面毋庸置疑的研究才被慢慢取代，并给有组织的体育运动展现了体育社会学另一面的有力形象。“体育新左派”对操纵现象进行了委婉的谴责，并在资本主义经济体系的束缚下看待竞技体育，并从中推导出一种去人性化的嫌疑。然而，有组织的体育运动相应地产生了与其对立的“成熟运动员”的形象。即使和事实不符，一些体育官员至今在公开为竞技体育辩护的时候仍然会用这个短语证明其合法性。

事实证明，体育科学爱好者的学术支持有助于将体育社会学建立为大学科学学科。这不仅可以提供重要的学术贡献，而且还可以通过与大学社会学的交流联系来提高体育社会学的声誉。除此之外，这对其定义的规范性也有帮助。体育社会学的发展得到了国际知名社会学理论家的重要推动，如诺贝特·埃利亚斯（Elias，1939）和皮埃尔·布迪厄（Bourdieu，1978，1985，1992，1996，1998）。两人在他们的研究中反复提及体育，以测试其理论、方法的可行性。最重要的是，他们培养了许多延续他们研究的学生，并与他们一起发表了很多重要的后续分析（Elias，et al.，1970，1983，2003）。他们在莱斯特开展的足球、橄榄球或球迷骚乱的研究，属于文明和形态社会学的范畴[26]。埃利亚斯（Elias，1970）采用体育和游戏世界的典型例子，阐明了他对社会形态中个人行为无法抹消的复杂的想法，并从中引出了社会学与生物学、心理学相对的自主性。华康德（Wacquant，2003）找到了一位活跃于体育行业的学生，后者讲述了芝加哥拳击馆的相关情况。

美国著名的符号互动主义学家格雷戈里·P. 斯通（Stone，1955，1972）为体育社会学的知识体系作出了不容忽视的贡献，并延续了欧文·戈夫曼（Erving Goffman）在其关于“邂逅”的研究中已经进行过的游戏和娱乐分析。在其他著作中，戈夫曼也经常在体育和游戏，以及社交场合之间建立戏剧性的联系。有趣的是，他借用了一位著名的走钢丝运动员的存在主义语录，用于其 1967 年发表的《互动仪式》（Goffman，1967）分析的开篇，这在今天读起来就像当代冒险和冒险运动的座右铭："在钢丝上才是我的人生，其余的都是等待。"戈夫曼将他的互动研究的最后一章（Goffman，1961）命名为"行动所在"。他收集了体育竞赛、"角色竞争"及相关二手资料的相关见解，"恰恰是在行动的时刻，人们面临风险时有机会展示自己，有时候也能在骰子落下的时候展示人们是怎么行动的……简而言之，自我可以自愿听命于新的创作"。此外，戈夫曼（Goffman，1961）在这一作品中还指出了对体育研究十分有意义的环境与行为之间的联系，他简洁地将这一概念总结如下："所以这不是关于人及其所处的环境，而是关于所处的环境和人。"

在德国的发展中，关于著名社会学家支持体育社会学的例子还有许多。例如，知名社会学家勒内·柯尼希、赫尔穆特·普勒斯纳，政治学家和社会学家克里塞蒂安·格拉夫·冯·克罗科（von Krockow，1974，1982）提供的有益帮助，以及京特·吕申、库尔特·海姆里希、汉斯·伦克（Lenk，1964，1969）、克劳斯·海涅曼（Heinemann，1980，1989）、米夏埃尔·克莱因（Klein，1984）、弗里德海姆·奈德哈特（Bette，et al.，1985）、鲁道夫·施蒂希韦（Stichweh，1990，1995，2005）和乌韦·席曼克（Schimank，1988，1992，2005a）的作品，他们都在一般社会学中帮助体育社会学完成了专业社会化。

# 第四章　作为参照学科的社会学

心理学以心理系统为主题，将变量和变量关系结合起来，其结合方式可以使其基于个体的整体性意义与人格系统联系在一起；工程学可以建造机器，主要关注技术系统和人造物品；自然科学——如医学或生物学——在自然的、有生命的系统世界中寻找研究课题；社会学则将注意力集中在社会系统上。社会系统决定了社会学的再生产——正如新式社会学系统理论所教授的那样——在交流的基础上通过结构性连接与其环境，如人类，联系起来。因此，诸如二元体、小团体、组织或复杂的社会领域等社会系统是完全独立的：它们既不能在意识中简化为心理系统的运作模式，也无法描绘运转的系统，如身体或机器（Luhmann，1984）。然而，意识和生命对于社会系统的运转来说是不可或缺的条件。如果没有植根于个人的心理和身体，社会系统将无法开展沟通。如果没有人生产或购买商品，所有的公司都会倒闭。对于政治这一社会系统，鉴于其内部过程的抽象化和自身的运行机制，如果没有活生生的人，它将无法维持；而社会系统中的体育，如果没有人类通过感知力进行参与，也将无法存在。究竟应该由谁来踢球、跨栏或骑车呢？社会学特别致力于研究社会系统的产生条件、自身动力、相互联系和工作原理，以及社会条件对心理和生理系统的影响和塑造。它主要试图回答，社会形式和系统内部的意义预设是如何决定人的思想、行为和感受的。

为了阐明真正意义上的社会学，下文将阐释社会学的基本观点。因为社会学家如同其他科学学科的代表一样，也需要特定的思想原则，一方面为了观察和描述世界及自身；另一方面为了开发独有的特征。如果没有这些特定的感知能力，就不会有任何作为社会学家可以获得和传达的信息，也没有对外论证和证明合法性的自主性。当社会学家从体育社会学这门二级学科的框架内去观察社会中的体育时，显然也可以通过社会学的视角去观察。为了从体育和体育社会学的特殊性中阐明社会学的一般性，我们将通过具体的体育案例，系统地支持和论证我们的论述。

本章第一部分研究了环境与行为之间的关系，并以社会学的角度看待在欧洲启蒙运动背景下产生的、将个体自主性作为事实来描述的思想。为了避免误解，我们有必要从社会学的角度重建“社会”的概念，并将其与教育学、日常理论视角下的及语言习俗中的社会概念区分开来。尽管道德对于科学的必要性是老生常谈，然而，我们在第二部分中提到了无视道德、距离感和不一致视角的必要性，并从中得出社会学术语的必要性和不可或缺性。第三部分介绍了价值（判断）自由和客观性的社会学概念。

## 环境与行为

通过固执地指出社会条件和系统的影响力，社会学家对欧洲启蒙运动中产生的个体自由理念提出了质疑[27]。他们用这种现代性批判观点刻意与教育学和法理学保持距离。例如，法学家为了能够做出判决，总是将违反规范的行为归咎于个人或少数参与者。在某些情况下，权力主体也可以是受到司法处理的组织；但一般情况下，法律措施被理所当然地施加在必须受到惩罚的个人身上。现代法律制度通过合法与不合法的主导差异来运行，如果需要做出决定，则必须通过其权力主体的特定假设进行处理。通常情况下，它是在其基本循环框架内运作的，这个框架是为一个被证明有行动自主性和权利能力的人设定的。当涉及判定个体有罪或无罪时，主体结构和自主控告便会发挥作用。然而，在前现代时期人们的法律认知中，他们仍然认为个体不能对他的行为负全部责任，因为个体被视为命运力量的傀儡。但现代法律认为人是自己的绝对统治者，并以此来反对上述看法，承认个体命运的自我控制性。正如社会学家所看到的，自主权力主体是一个为了做出法律决定而将法律系统作为特定的现实猜想而抛出的虚拟参与者（Hutter，et al.，1994）。

个性化和道德化的行为也是教育家要观察和实践的典型事例。至少自卢梭（Rousseau）以来，个体自主性的概念就一直处于教育和教育科学反思的中心。教育实践应该在指定专家的帮助下进行，以便在漫长的过程结束后能培养出成熟的、自我负责的个体。个体应该被赋予免受操纵影响的能力，并且能够掌控自身的存在。教育和伦理的任务是将这种理想变得完美，并建立起“自我”与世界的相应关系。由于教育方面的缺陷，违反标准是这个行业特有的弱点——这就是为什么教育措施最好应该是预防性的，并以再社会化的方式进行。法理学和教育学确实为个体化和自治思想的某种相对化提供了一些惯用说法：律师口中的“酌情减刑”或教育学家所说的“狐朋狗友”。但是这些思考方式只能在自主理念方面给予主体一些保证其合理性的现实意义。

相反，社会学家相对严格地将自治的理念作为事实来描述和看待，强调单个主体在结构和程序约束中的复杂纠葛。因此，他们致力于研究或多或少受到规范化支持、在一定程度上适应并因此相对稳定了的集体性行为模式。由于集体性行为模式十分顽固，个体习得这些行为模式后就很难再摆脱它们。与此同时，社会学家认为泛化行为期望的结构并非不可改变，人们也并非必须始终接受它们。例如，以角色预期的形式展现的行为泛化，虽然可以由组织持续地巩固，但它们是可以改变的。正是由于它们可以在各种生活环境中引起紧张、引发问题，人们才能从中发现可以调用的、促成改变的动力。

在对社会有巨大影响力的学科建设思想巨匠中，需要介绍3位著名的社会学学者。第一位是埃米尔·涂尔干（Durkheim，1885），他明确地强调了人为制定的社会规则具有不以意志为转移的特征："它远不是我们意志的证明，而是从外部决定我们的意志；从某种程度上讲，它是由我们的行为必须遵守的模型组成的。"第二个关键人物是格奥尔格·齐美尔，他设想了社会性是成员之间的"相互作用"，并以此设想强调了"社会不是物质，它本身没有实体，它是一个事件，是一方对另一方的塑造，具有接收和影响命运的功能"（Simmel，1917）。从个体的角度来看，其他行为者在很大程度上决定了个体的行为——通过情境的影响或通过创建和保持交叉情境的惯例。第三位是诺贝特·埃利亚斯（Elias，1939），他更明确地在"形象"的概念中指出，个人行为总是发生在他人的行为框架之下，因此必然会导致非意愿性的结果。根据他的说法，人类之间的相互依赖导致了一种超越个体的秩序，这种秩序并非来自个人意愿，而且"这种秩序比形成它的个人的意志和理智更具强制性并且更强大"。准确地说，社会学的研究对象不是个体，而是所有参与者的总体情况，"拜社会学的专业身份所赐，其信条一直是这样的——个体是个体形成的整体在认识其所处的社会条件和存在局限时产生的幻觉"（Beck，1994）。

社会学家出于对个体及其心理状态的兴趣，通过在参与者的背后发挥影响的社会条件，反过来观察主体及主体的可能性和需求。因此，社会学研究不会忘记或忽略主体，只是会从不同的角度去观察它。通过把那些显著影响个人行为的因素作为主题，社会学家能够了解相关问题及其相关性，而个体在这个过程中被高估了。有一句听起来像是悖论的格言：通过去主体化来澄清主体（Bette，1999）。体育为丰富的社会学猜想提供了许多例子，人们只有在加入行为情境中并阐明其他参与者的行为动机后，才能对个体行为及其意义做出有意义的判断。因此，人们可以不只通过身体运动来了解体育比赛中发生的行为，相反，人们必须识别并结合在环境中发挥作用的感官原则，才能解释肢体间的相互作用。例如，只有通过考虑竞技体育提供的社会意义，才能将体育中的掷标枪运动与那些部落文化成员用于自卫或打猎的做法区分开来。相同或相似的动作并不总是遵循着同样的意义。体育中的奔跑不应该与行为者在试图摆脱国家政权控制时所进行的奔跑相混淆。因此，尼克拉斯·卢曼（Luhmann，1971）在多年前就曾主张，不要用主观意见和相应的表达意图来解释行为的意义，而要“通过意义定义主体”，即将主体视为难免要依赖社会性的“有意义的系统”。因此，社会学并不认为，对于自身行为来说，人类有不依赖于社会的动机。相反，它指出社会情境会影响人，并通过承诺或约束来对人施加压力，进而获得人具体的动机和行动意图。

这一暗示表明，社会学中社会的概念与教育学中的含义完全不同。从社会学的角度来说，社会是一种行为，即使它没有友好的目的。马克斯·韦伯（Weber，1922b）在社会学基本概念的经典定义中这样说道：“‘社会行为’从行为者所指的意义来说被称为一种与他人举止有关的行为，并在这个过程中以之为导向。”后来他更准确地表达了“社会行为（包括放弃或容忍）可以以其他人的过去、现在或未来的预期行为为导向（为过去的攻击复仇、抵抗当前的攻击、策划未来的攻击防御）。‘其他人’

可以是确定的一个人和熟人，或者不确定的一些人和完全陌生的人（例如‘金钱’是指行为人在交易时接受的交易筹码，因为该行为人会依据‘许多数量不确定的陌生人未来都会愿意用金钱进行交易’这一预期来规划自己的行为）”（Weber，1922b）。

基于这种传统的社会学观点，在体育社会学中，犯规也被认为是一种社会行为，因为自我在游戏情境的框架内通过偏离规则对变化的行动做出反应，要么是为了让自己获得优势，要么是为了避免确定的或潜在的劣势。否则，足球中的“背后铲球”在社会学上是无法解释的，因为它通常在两支球队为了比赛胜利而竞争时出现。更极端地说，即使是好战的行为也是社会行为！与之相反，在教育学中，社会的概念被完全缩减为积极的行为效果和行为意图，那么犯规和鱼跃顶球就是“非社会的”行为，因为它们违反了一定的体育规则和公平理念。而社会学家有充分的理由驳斥这一想法。

其他竞技体育中的重要人物以队友、竞争对手、教练、赞助商、运动员父母、观众或想象中的其他人的形态出现，尽管他们本人不在现场，但却可以通过摄像机“贪婪的目光”（Mattenklott，1983）参与到体育赛事中。虽然要承认，在绿茵场上的非正式和结构相对宽松的体育游戏中，行动的标准化不如在严格管理的竞技体育运动中明显，但这种比赛中的社会性仍然是首要的。身体运动在这里也像在竞技体育中一样通过规则来管理——在足球运动中，禁止使用手；而在手球运动中，使用脚是禁忌。运动员自觉遵守的，以及他们内化的游戏规则是为了减少游戏场上行为的复杂性，与规定好的社会行为预期并无二致。即使是晚上下班后自己跑圈的慢跑者也会考虑社会预期。社会预期通过健康、美容、瘦身、健身或年轻态的观念，以沟通为媒介影响慢跑者，让其花钱选择汗流浃背。因此，即使某些行为发生在人们独处的时候，并且不会在交互情境中被他人感知和期望，这些行为也可以由社会决定。由此，身处远方和不在现场的人通过已完成的教育和社会化过程或者媒体传播的意义预定值，对主体发挥着远程的影响。运动员在训练后洗澡的行为并非自发行为，也不是令人讶异的灵感迸发的结果；相反，它应被理解为一种展现了社会预期的效力并因此具有社会学意义的行为。在这种情况下，社会给个体提供了一种干净和清爽的预期。就此而言，即使这个例子乍一看似乎很普通，人们也可以认真地说："文明化是通过淋浴完成的。"个体可以将以汗水和体味为形式的身体分泌物洗掉，去除体味并喷上香水，可以清爽地再次出现在同伴面前，以经受日常社会生活的戏剧化考验。

这一事例表明，社会学家在阐释身体时与医生、生理学家或卫生专家关注的东西不同。例如，社会学家会注意到，体育中的社会预期会严格地支配和控制参与者的身体和精神。因此，训练和竞技策略及它们对身体产生的相关影响，是基于社会环境做出的决策而制定的。众所周知，竞技体育中耗时且耗能的消耗不是随机发生的；它们的目的是达到特定的效果，即实现成功、避免失败。休闲和大众体育对身体功能的影响也不是一种遵循无意识的习惯，不是突然的冲动爆发的结果。任何以这种或那种方式进行运动的人，都想要用它来实现某些特定的东西。这些追求的目标表达的并不是相关人士的特殊意愿，因为许多其他人在同样的情况下做着相同的事——人们只是思考着以健康为导向的训练措施，而不少同时代的人会在健身房进行这些训练，他们都是为了武装身体和精神，对抗潜在的由现代生活方式带来的压力。因此，即使体育行为属于个人行为，它也是在人们普遍接受的社会情境定义和结构下进行的。健康、成绩、冒险、风险、乐趣、自由、自然、亲近或疏远城市，以及大众定位或孤独的想法都源于社会，即使这些想法的主角经常认为他们的想法和行为方式是纯粹自主思考和决策的结果。

在这一点上需要注意一个重要的事实：在社会学中，真实存在的人的具体行为并非线性均匀地源于他们所处的环境。这一观点有些过于片面，因为它表达了一种“过度社会化的人的观念”（Wrong，1961）[28]。相比之下，我们更倾向于“受限选择”的看法（Franz，1986）。因为，选择的机会没有被否认，单个参与者在其角色参与中遇到的限制性条件也很少被回避。重要的是如何评估情境中的“客观”事实。著名的托马斯定理（Thomas，et al.，1928）并非没有道理，“如果人们将某种情境定义为真实的，那么这种情境就会造成真实的影响”。这可以解释为什么处于相同环境中的人可以对环境做出完全不同的反应。因此，具体的主体不应被视为社会环境的傀儡，而应被视为能够创造性地对现有行动范围作出反应的参与者。这一点反映在人们对社会符号系统的使用上。金钱、权力、爱情、真理或信仰并不能使人精确、持久地做出相同的行为。虽然我们都依赖于金钱超越个体的力量，但在这个高度个性化的时代，我们如何支出金钱并不由确定性规范决定。个人选择哪一党派也并不是简单地因为受到外力的强加。正如社会学家所指出的那样，经济或政治选举决策的行为链条往往十分微妙，个人很难看到具体的行为过程[29]。

对于体育中的行为来说，社会学假定环境与个人行为之间并不存在线性关系，因为并非所有社会成员都明显地沉迷于体育活动。社会学在此也假定了一种非线性关系，因为人们会用他们的常识，根据自己的选择标准来观察自己周围的体育现实，此外，他们也没有同等的机会去处理他们的愿望、希望和恐惧。例如，尽管许多竞技运动员现在都在使用兴奋剂，将犯规行为作为一种策略来应对他们背负的压力和做出的承诺，但仍有很多运动员并没有这样做（Bette，et al.，2002）：他们害怕疾病、成瘾和永久的身体伤害，不想被发现、被社会诋毁，被置于一个抗拒越轨行为的社会道德环境中，他们在体育之外有备选的职业，没有加入犯规的团体或根本没有钱来负担昂贵的兴奋剂治疗费用。

因此，社会学并不认为具体的个体仅仅是其社会环境的附属品。这至多适用于由它所勾勒的社会参与者的分析性假说，因为社会学像任何其他学科一样，必须与抽象模型打交道，以免陷进无数的个人动机和特征中。只有这样，它才能谨慎地归纳其知识。可以回想一下拉尔夫·达伦多夫（Dahrendorf，1958）研究出来的“社会人”，由罗纳德·希茨勒（Hitzler，1992）根据欧文·戈夫曼（Erving Goffman）的作品构建出来的“戈夫曼人”，海伦娜·弗拉姆（Flam，2002）的“情感人”或者乌韦·席曼克（Schimank，2002）的“矛盾人”。社会学不想也不能要求全面地解释和精确地预测个案。然而，分析性假说，即抽象的类型构建，必须通过它能在多大程度上有助于更好地理解具体的个案来衡量其价值。这一提示应该提前对可能存在的误解进行预先纠正，即什么是社会学分析可以并且想要完成的。因此，关于一些问题的回答，例如为什么弗朗茨·贝肯鲍尔（Franz Beckenbauer）能在多年前成为足球专家，以及为什么赖因霍尔德·梅斯纳（Reinhold Messner）能攀登上 8000 米的高峰，都不在社会学家的研究兴趣中，尽管对这些运动员的传记式经历、家庭背景和主观理论的详细社会学研究肯定有助于阐明他们的行为选择。

## 无视道德、距离感和不一致视角

分析在很大程度上塑造和影响着人的行为，在这种社会条件下，人们采用了对所有专业社会学家都具有非凡意义的认知指导原则。为了准确地观察和描述“它们的”现实，并且不会因过早的偏见和攻击而陷入僵局，社会学被刻意打造成一种无视道德的学科。在不满的浪潮高涨之前，很快兴起一种与公众预期相悖的陈述：社会学家不会轻率地将他们观察的世界分为好或坏，不会站到好人的那一边而将所有其他人全诋毁为坏人。这也适用于体育社会学：该学科的代表不应从道德视角将体育比赛的获胜者视为好人，将输家视为坏人，并依此赋予相应的尊重或不尊重。这会破坏体育与社会学之间的关系，尤其是在评估情境可能会在下一次比赛中突然改变的情况下。相反，社会学家在情感中立的基础上基于其他观察引导的差异，如明显性/潜在性、平等/不平等、男人/女人、包容/排斥、结构/过程、异常/一致、系统/环境，来观察道德标准之外的世界。他们认为最主要的区别在于现代科学体系的规则：他们力求借助系统内部的理论和方法来标记主体间的真理与非真理的区别（Luhmann，1990）。

当科学类的传播领域不断分化，并发展出自己的主要差异性和系统身份时，道德在规则层面不仅显得多余，甚至还可能会适得其反。道德只在科学的内部层面发挥作用，以确保科学规则的“更高级的无视道德性”（Luhmann，1994）。例如，在科学界欺诈造假的人会丧失别人的尊重，声誉也会受到损害。在科学领域，只有通过研究而不是道德规范才能发现真理或非真理。这同样适用于体育：在体育中，胜利与失败的区别由体育成绩决定，而不是由经济、政治、大众媒体或道德偏好的要求决定。这将使体育的意义研究陷入停滞，主要是因为支持道德论的学者之间没有就道德在体育运动中的应用问题达成共识。世界上速度最快的短跑选手是否会因为来自一个不民主的国家而必然失败？如果是的话，这将会直接给现代奥林匹克主义宣判死刑。对行业协会、球迷骚乱进行深入研究或对替代的体育模式进行分析，是好还是坏？最重要的是，对于体育及其参与者的道德分析是好还是坏这个问题，是否有一致和明确的答案？

在研究和教学中遵循科学真理规范的社会学家以专业的“距离感”观察世界。然而，面对更强烈的对应用和实用性的呼唤，“距离感”最初听起来是不可理喻的，甚至是适得其反的。关于社会学的“距离感”的必要性及其子学科的讨论是很容易理解的。正如社会学家鲁道夫·施蒂希韦（Stichweh，1991）在其科学社会学研究中所解释的那样，科学普遍来说是“用陌生人的视角审视”。这就是说，科学家在探究日常生活中不言而喻的事件和因果假设，以及处理极为熟悉的事物时，采取的态度就是把它们当作“是完全不可能发生且无法理解的”。只有这样，社会学家才能充当“神话猎手”（Elias，1970）。因此，社会学的“距离感”不应与故意的不感兴趣或无知混淆；它是建立亲密关系的重要条件，借助理论、方法和术语的“异化”理论，并没有使社会学看上去更好，只是使社会学变得不同，正如人们可能乍一看所认为的那样。尼克拉斯·卢曼（Luhmann，1967）认为与现实“不一致的观点”是典型的带有启示性质的社会学事务中的一个任务。因此，社会学家并非将已有的世界观全盘接收。“相反，他们采用再现的方式研究被观察的系统，使其呈现出本身不具备的、越来越复杂的可能性……基于这种还原再现，他们就能观察到更多之前难以发现的复杂性”（Luhmann，1984）。

社会学的观察倾向于苛求被观察的系统。一位为了在特定宗教团体的怀抱中寻求安慰和温暖而定期参加弥撒的宗教人士，在宗教社会学家给他解释宗教在现代社会中的作用时不一定会受到鼓舞，反而还有可能会失去那种他通过宗教祈祷而得到的安全感。当社会学家向体育观众呈现其重新建立的通过观察得到的理论模型时，可能会因此剥夺观众对自己感情和行为的自主性信念，观众更有可能会觉得被冒犯或对社会学家呈现的内容不感兴趣。当社会学家在社会学出版物中，讨论运动员使用兴奋剂的这种“实用主义的非法行为”（Luhmann，1964），分析体育组织可预见的中立言辞和象征性的安抚等防御型应对方式，并借助大众媒体公之于众时，参与使用兴奋剂的体育组织会感到被侮辱和被冒犯。

因此，距离感和差异化的一个重要前提就十分清楚了：社会学家为自己的问题领域绘制了“内部地图”，并用带有距离感和差异化的视角观察那些在里面行动的人的内在观点。此时，社会学家必须从陌生和差异化的角度，让自己有在时间、客观和社会性上保持距离的自由。只有这样，社会学家才能从不同的理论视角分析“社会学的”现实，并且为可能出现的问题制定解决策略。因此，距离感是一个重要的科学成就，必须加以推广并在制度上予以保障。如果消除距离感，想要快速起效或以观察者的思维定式进行分析，就会引发诸多问题。与被观察的事物距离太近的话，社会学家就可能会对研究对象的禁忌和需求施加自己的观点，对自己观察的社会领域的看法也可能会受到自身职业愿望的潜在影响。所以不应将社会学与试图变得与行为直接相关的社会教育学混淆。一个社会学家只有不顾自身的环境知识去培养距离感，并使自己远离直接的可行性预期时，反而才能为被观察的研究对象点明盲点，进而改进实践研究。只有不需要从中获得结果的观察者，才能提供更复杂的现实视角。

在“旁观者清”这一论点的背景下，人们会发现一些在经济、政治、教育和体育协会中提供咨询服务，甚至担任重要角色的社会学家，确确实实存在“观察困难”的问题，因为他们也是当局者迷。一方面，这些人接受了规范性合约，必须提供相应的鉴别服务；他们不仅在场，而且也是其中的一部分。另一方面，对于观察和咨询不可或缺的“距离感”视角只能由那些尽管在场或参与其中但不属于其中的人拥有。受行为和合法性约束的人与允许进行行为节制的观察者（社会学家）不同。对此，心理学的归因理论研究总结了许多有益的例子（Jones，et al.，1971）。如果在一次丑闻之后，只委托律师来处理，那么当事人就会遭受一定的损失。他们自愿放弃了社会学观察者可用的最重要的资源——分析自由、认知灵活和对现实观点的差异性。

社会学家通过其突出的对去主观化、无视道德、距离感和差异化的偏好成了“第二视角”方面的专家（Luhmann，1981a）。那些乍一看似乎没有问题的习以为常的事实和环境，不仅会自己解构，而且会将自身投射到使熟悉的事物看起来全然不可能实现的视角中。因此，众所周知，社会学家不满意他们在体育或公共讨论中见到的关于体育的“真理”——主要是关于人的“本质”的本体论陈述。因为，现实并非如它所预设的那样，社会学可以摧毁那些以心理分析还原或生物决定论为解释形式的运动神话，这些神话以种族、性别、激素、基因或性心理理论为形式，通过定期的、全面的社会交流不断变化，并且试图借助这种因果关系来解释特定人群在体育竞技中取得的成功。

如果完全不考虑事件复杂的社会维度——那么在交际聊天中，甚至在体育协会中，有色人种短跑运动员在奥运决赛中的领先地位有时也会被解释为其在跑步方面有种族优势[30]。同样，不少观察者通常将男性球迷的骚乱大致归因于荷尔蒙或底层阶级，但这无法解释为什么只有某些特定类型的运动会引起骚乱，有时甚至其他阶层的成员也会在体育场内外闹事。田径、游泳或高尔夫运动——没有球迷骚乱的运动类型——的男性观众是否都是缺乏睾丸激素？为什么在冰球、北欧运动项目、体操、乒乓球、划船或帆船比赛中找不到有色人种？某些运动员的基因结构中是否存在无法开展个别体育运动的基因障碍？为什么肯尼亚人是优秀的中长跑运动员，而不是世界级的短跑运动员？竞技体育中的兴奋剂越轨行为往往在公共话语中被简化为“人性”——根据这句格言：以非法手段谋取利益只是“人之常情”。

社会学家不相信诸如此类的“生活智慧”，并且解开了被反复传播的关于体育的迷思。他们将这种形式的本质描述为：试图通过本体论规范来避免理论上的解释性问题。社会学家不但探究人类行为发生的社会条件，而且探究这种生活智慧的功能，还对个人或团体的参与者如何和为什么在特定情况下解释因果关系感兴趣。最重要的是，他们并不畏惧“有组织的怀疑主义”（Merton，1942），他们用怀疑主义来观察体育世界，同时也会作为观察者将其应用到自己身上。

为了在有关体育运动中人数过多或不足的特定人群的实践这一点上给出一个简明的答案，需要更多地参考特定的环境和生活条件、某些运动实践的进入机会、现存的准入条件、习惯形式和身体传统，以及关于行动的路径依赖。布朗克斯没有公共游泳池，为什么来自那里的有色人种的孩子会成为顶级游泳运动员，而且游泳作为一项运动在非洲裔美国人中间并没有很高的地位？也就是说，如果某些身体和运动实践由于可用性、传统甚至意识形态而在某一特定人群中“定居”，并且该运动的灵活性可以在这个环境中发挥影响，那么体育特定的偏好将很可能会在那里不断重现，从而成为一个稳定的社会现实。所有这一切都可以从社会学家的视角去观察，当人们将无视道德的、不一致的和带有距离感的目光投向“现实”时，他们将以塑造行动的社会力量为出发点，而不是关注体液、基因或动机。

通过发展和使用特定的语言，社会学和体育社会学实现了距离感和异化的结构稳定。人造的语言对于社会学而言，正如皮埃尔·布迪厄（Bourdieu，1993）在很久以前说的那样，可能“比对其他科学来说更具强制性”。日常语言并不像人们一开始所认为的那样过于理论化、缺乏特例，恰恰相反，它具有各种各样、未经验证的预设和因果假设。为了避免在使用充满陷阱和言外之意的日常语言时踩雷，非常有必要确立一种独立的语言。社会学语言可以防止人们武断地认为自己已经明白了一切，并帮助人们保持一定的距离感，避免人们做出具体的行为预期（Bette，1999）。

虽然社会学的专业术语对于准确的理解功不可没，但同时它也为快速的意义假设设置了障碍，因此它属于科学排外系统的一部分。它设定了科学与非科学之间的“门槛”（Tyrell，1978），确保了科学对外的自主性，并在自身的结构化科学社群框架内实现了对内控制。公共话语中的社会学以特殊的方式应对那些要求社会学通俗易懂的抱怨诉求，这是该学科从它周围的生活环境中获得的特点：在体育运动中，每个人都认为他们可以充分发挥自己的才能，并且可以不积累只能通过长期学习才能获得的社会学专业知识。这些参与者的责备和抱怨的言论可以用尼克拉斯·卢曼（Luhmann，1981a）的话来反驳，他的话恰当地描述了知识接受者的理解和自我能力之间的联系，富有启发意义：“人们应该强制将所有说过的东西都置于可理解的范畴中吗？可理解应该意味着让所有人都可理解吗？意味着不用努力的可理解吗？意味着不用任何准备、不用花任何时间思考和诠释的可理解吗？”

## 价值自由和客观性

去主观化的、无视道德的、有距离感的、差异化的和以第二视角看世界的学科，在专业语言的基础上保持着距离感，坚持指明行动的社会性，在解答价值（判断）问题或处理社会学兴趣之外的利益时必须加以克制。因此，社会学的任务不是站在它所观察的社会系统及其观察者的一边：经济社会学家不研究如何增加企业利润；宗教社会学家不负责传播信仰；在工作中专门研究社会政治体系的社会学家可以私下支持一党或另一党，并进行投票，但在事关分析政治局势、选民流动或重构政治丑闻时，他们必须坚持自己的理论、方法和数据。体育社会学并没有支持有组织的体育方面的任务，例如，在社会学知识的帮助下促进体育组织发展，或者与体育组织的合法工作挂钩。体育社会学也不会为了体育组织免受批评而高唱奥林匹克主义和奥林匹克教育的赞歌。同样，体育社会学家也很少会为了笼统地将俱乐部和协会体育贬低为“庸俗的”和“污浊的”，或者将众多健身俱乐部中的训练视为“纯商业化的”并认为它们应该被抵制，而大张旗鼓地站在所谓的“自由的”“无组织的”和“自发形成的”体育那一边。在体育社会学中，首要的是关于现状和对已发生的历史的重建，而不是轻率地和不加思考地对可能会发生的未来加以猜测。任何打算塑造未来的人都最好应该在给出干预建议之前做出尽可能准确的判断。进行体育运动是否值得推荐，还是应该放弃体育运动；到传统的体育俱乐部参加运动是正确的，还是错误的；定期参加体育运动是否会使人们的政治参与度有所下降；使用兴奋剂的人是否应普遍被视为坏人，并因此受到谴责——所有这些都是在统一的衡量标准下最终只能由规范决定的问题，因此不属于体育社会学的直接目标。尽管存在观察的相对性和盲点，体育社会学仍有责任坚持价值（判断）自由和客观性（Weber，1904，1917）。体育社会学家洛伊和坎农（Loy，et al.，1969）在对社会学的这种理解的基础上做出了以下承诺：“体育社会学家既不是福音的传播者，也不是运动的传道者。他们的作用不是塑造态度和价值，而是描述和解释它们。”

矛盾的是，通过避免轻率地将社会学观察和描述道德化，以及通过与其分析的社会功能领域保持距离、放弃自身的自我指涉，社会学却能成为获得道德可能性的重要条件。不少社会学家甚至将他们从事的学科称为“道德科学”（Lüschen，1998）。只有坐在象牙塔或桅楼中观察世界的人才能“掌控全局”（Henderson，1992）并给出具有一定复杂性的干预建议。例如，在社会学分析的基础上，政治家可以对社会内部特定发展的决策表示赞成或反对。任何人，在通过体育社会学的研究看到儿童和青少年过早进行专业化训练的后果之后，都会认识到组合运动中评分规则与饮食习惯之间的联系，或者注意到重要的参照组在发现竞技运动员使用兴奋剂后采取的退出策略，进而便会有充分的理由反对青少年训练中揠苗助长的策略、以病态为美的观念、过度追求成绩或使用兴奋剂的行为。矛盾的是，社会学仍与道德有关联，但是社会学研究却无视道德，转而依赖精确的分析。道德准则是否得到实践不是社会学考虑的问题，而是那些从外部分析道德建议或通过民主选举在社会中被授予临时控制权的人的责任。

在本章末尾需要特别注意的一点是，社会学整体在观察社会及其子系统方面没有特权。它只能观察到它的理论和方法在认知可能性方面所允许的东西，毕竟没有不依赖于观察者的现实。就此而言，以傲慢自大的姿态将“权威科学”的功能加到社会学上是错误的。社会学式的反思并不是一种拥有阿基米德智慧的、更好或更优越的反思。它只是与众不同而已。然而，并非每个科学学科都具有观察自身及其内外部科学环境的强大能力。相反，在社会文化演变的过程中，由于社会学的研究对象——社会的规模较大，它已经发展成了一门分析能力更强的学科。各个学科自身的知识储备必然存在限制和自我限制，所以有必要了解社会学的成就，同时借鉴其他学科的成就及缺陷。例如，由于社会学具备自然科学和工程科学所不具备的特性，因此它掌握的科学资源产生的洞察力可能会引起这两种学科的不满，因为这两种学科的观察有限。所以，社会学能够预见自然科学和工程科学进行干预的社会后果。当然，不能指望自然科学能够探讨社会学的社会外部性或控制自身的社会影响。至少它们目前无法做到。社会学在系统动力学分析、提供替代方案、揭示特定行为无意或意外的影响，以及解释显性结构和过程的潜在影响和条件方面可以提供很多见解。在理解和重构特定情境的逻辑基础上，社会学可以提供知识，并通过提供多种解释来扩展社会系统的“多样性”。从社会学的角度来看，即使某个研究的发现令人烦恼和震惊，并且刻意不去满足别人对其表达的预期，其工作的相关性和价值也可以推演出来。就像米歇尔·塞尔（Michel Serres，1981）所定义的寄生物，即使它们会在社会系统环境中造成干扰，但也可以成为我们系统学习的重要条件。由此，我们下面探讨体育社会学的关键参考点：社会的体育。模型理论式的抽象和距离感、差异化及无视道德的社会学目光可以远距离帮助我们准确地描述现代社会背景下体育的发展和应用。

# 第五章　社会的体育

为了从日常理论假设、生物学假设和意识形态的自我解释的影响中对体育加以分析，而不是用社会学理论建构的工具来展示从这个社会领域可以观察到的东西，本章旨在阐明体育发展和应用的重要方面并介绍相关概念。本章共分六部分：第一部分涉及竞技体育的固有特性，并从理论的角度描述这种以公众关注为中心的社会系统的计划和规划。第二部分根据选定的例子重构从游戏到体育的蜕变，并说明这种以身体和人为导向的社会区域的分化过程是如何进行的。社会文化进化的中心机制也会对社会其他领域的现代化项目产生持久的影响，具体可以体现为：体育运动以浓缩的方式展示单个的意义元素——比如成绩、竞争和记录原则——如何从以前模糊的互相关联的生活背景中分离出来，经历专业化的过程，并在制度化保障的基础上产生一种巨大的动力，推动体育运动不断地发展和成长。第三部分涉及体育观众，为了能从整体上令人信服地说明当代社会中体育的意义，对体育观察者进行社会学观察是必不可少的。因为，如果没有观众、听众和读者对体育及竞技表演的热情，媒体、经济和政治等方面便不可能对体育保持兴趣。要阐明普罗大众都会参与体育的原因，就需要了解现代社会及其功能导向的差异化矩阵和离心机制这一时代背景，它们专门负责产生和满足大众的需求。人类的感情和偏好构筑了社会联系和关系，反过来也适用——社会情境通过与心灵和身体的结构性耦合引发情感和需求，这些情感和需求以特殊的行为选择表现出来，并且可以具体体现在特定的社会人物和角色中，如受到认可的体育观众和体育参与者。如果没有通过社会变革过程产生特定的动机和需求，并且没有技术基础设施系统的发展和传播，就不会存在大众这一群体，大众也不会对体育产生兴趣，更不会作为无组织的集体成为系统间联系的“催化剂”。第四部分转变了视角，研究者将注意力集中在主动进行体育运动的参与者上[31]。从社会学的角度来看，有必要解释一下人们为什么会自愿且毫无怨言地主动从事体育运动，让自己身心俱疲，而如果是在体育领域以外，人们要是在工作中如此疲劳，工会和其他利益团体都会为了保护雇员免受剥削而纷纷发声。体育声称自己能够带来的众多养生、美容、纤体和健身益处为什么能产生如此巨大的反响？如何解释数百万人自觉地接受体育的训练、运动和交际制度，或者不少人为了了解自己的极限甚至超越极限，而在自发组织的冒险和高风险运动中不顾自身安危？最重要的是，人们从这种产生需求和行为偏好并且不太可能有机会为社会系统的腾飞作贡献的情境中可以学到什么？第五部分以这些问题的答案为基础，探讨作为现代性综合体的体育，并在“第一现代性”和“第二现代性”的社会学框架内讨论体育行为。第六部分描述了在体育中可观察到的在无意义中寻找意义的现象，并由此阐明本章展开分析的核心方面：为了应对社会变化，单个主体或团体用自然常量和技术手段进行的有针对性的对抗，在多样化的体育实践中居于重要地位，这一对抗不会排除随着在无沟通情境中寻找意义的有用性、可能性和限制而来的交流，因为前者是后者的前提和诱因。身体在社会的许多其他领域被迫处于次要地位，且无法拥有话语权，但它在体育领域却被当作终点，在家庭、宗教和工作等传统意义严重受创的时代尤为如此。

## 计划和规划

体育社会学，作为社会学和体育科学的子学科，在真实存在的体育运动中找到了特殊的参考点。体育社会学成了落后的社会系统的特殊案例，在功能分化的结构原理得到普遍突破之后，它才迟迟赶上了社会进化的基本过程。基于社会学的分化理论，人们可以很容易地认识到，体育在前现代的身体、游戏和运动实践的帮助下，能够逐渐摆脱与其他社会领域——尤其是宗教、教育、医学、政治和军事——的错综纠葛，表现自身的自我指涉流程，开展全球化的包容进程。特别是在大众媒体的帮助下，其分化的主要内容——高水平竞技体育——一跃成为世界社会的首要子系统：拥有自己的组织、计划、事件和需求结构。对于形成竞技体育行为逻辑至关重要的一点是制定独立的准则。为了确保自己的再生产，社会子系统必须发展体系，以便其中的行为不仅可以以某种方式延续下去，而且可以以特定的可重新识别的方式出现。准则使子系统可以定义自己的身份，并重构其不依赖于人和动机的特性。现代社会在建立这种稳定的社会意义领域方面取得了革命性的进步，诸如建立了具有合法/不合法准则的法律体系、具有支付能力/无支付能力准则的经济体系、具有执政党/反对党准则的政治体系，或具有真实/非真实准则的现代科学体系。体育也基于胜利和失败的准则运行，或者可以理解为系统的主导语义，即优势和劣势的成绩[32]。

根据这种定位规则，体育在不断重现的情境框架中，让处于其中的人被系统地置于彼此竞争的关系中。无论谁在什么时间和地点从事竞技体育项目，他都想战胜对手并避免失败。体育的胜利准则将渐进的、实际的成绩差异——跳高时一名运动员比另一名运动员跳得高 5 厘米——转化为社会的两极化和等级制度。正如社会文化演变所展现的那样，它可以在自我指涉的方向上增加，直到成为实际存在的致力于在专业组织的帮助下处理胜利与失败之间主要差异的社会系统的事实。体育的引导方向刺激并支持了行为动力，使其一般化和合法化。任何将行为与基于准则的规则保持一致的人都不需要再做进一步的解释。在运动场上，个人不需要讨论为什么比赛时他要沿着跑道跑，且最后回到他起跑的地方。正如在绿茵场、后院、运动场及世界级的大型竞技场和体育场发生的许多比赛所呈现的那样，体育的竞技行为不是随意进行的——如这些行为都是基于有趣/无趣、运动/静止或美丽/丑陋的双重性而发生的。相反，由于胜利与失败之间存在区别，且它们受制于具有严重歧视性的分离规则，因此它们之间便存在一种特殊的对抗，即至少有两方参与到零和博弈的局面中，在观看的第三方——观众——面前为了体育的胜利而互相竞争。根据定义，胜利是一种稀缺的物品，只有少数人可以暂时或永久地将其纳入囊中。

在所有的学科中，根据胜利准则，人们会在无穷的行为可能性中有选择地挑选部分行为，其他行为则被排除和忽略。在这个二元对立的逻辑中，每个位置并不进行自我描述，而是通过对其他内容的否定来获得自身的意义。一支队伍只有在确定另一支队伍失败时才算获得胜利。因此可以说，为了少数人的成功而合法合规地让多数人失败，是举办体育比赛的本质。虽然奥运会的官方言论仍然以重在参与为出发点，但下面这句话适用于任何体育竞赛：“获得第二名就意味着成为第一个失败者。”尽管第二名和第三名还可以被当作某种成功而庆贺一下，但获得“吃力不讨好的第四名”的运动员最后还是会收获大众的同情。在竞技体育中，往往只有冠军的名字和成绩会被历史铭记，而失败者只会作为一个已经尽力但却仍然失败的无名群体存在于人们的记忆中。

与其他社会行为领域的社会竞争表现相比，体育运动中赢家和输家的分化更加清晰和残酷。虽然体育外的社交生活总是以平等观点为特征，但竞技体育是一个遵循淘汰制和严格等级化的地方。在其主要引导方向的层面上，这一社会领域反对现代的中心指导思想，即反对平等理论。胜败规则的残酷性会特别明显地表现在对胜利者和失败者的区分上，即使成绩的差别细微到连人的感官都无法辨别的程度，它也要将胜者和败者区分开。在计时器和高速相机等技术设备的帮助下，某些学科对胜者和败者进行了更细致的区分。竞技体育是无情的，因为所有的淘汰和等级化的行为都是公开进行的。有些人会在广大观众面前被贴上胜利者的标签，而其他人则会被视为失败者。胜利者的领奖台作为竞技体育逻辑的实体，非常清楚地展现了谁站在顶尖，谁站在下面。

在这种背景下，体育竞赛代表了一种时间、事实、社会和空间上分化的交互系统，这个系统会公开决定如何分配准则值。在这个社会多元环境对个体事实的评价相当模糊的社会中，竞赛通过其二元导向产生了一种唯一性，即通过坚持“事实决定”来为体育组织辩护。根据“每个人都是胜利者!”这句格言进行的积极归因对体育竞赛这一系统来说并非典型特点。此外，规则还会故意将运动员的行为置于偶然性的压力之下。在足球规则中，球员不能在界内用手触球，只被允许用脚踢球，由此犯规的概率就增加了。观众则可旁观球员是如何用自己的方式规避这些限制的。

胜败准则在竞技体育中是绝对化的，因为它不再属于更高层级或更具决定性的“意志”范畴。它本身就是体育行为的最终缘由。由此，在胜败准则的指导下，人们毫不关心构成胜败评价和胜负行为的其他方面。竞技体育的指标具有目的性，而这是遵循惯例完成的实际理性活动。体育系统中只有内部规则才能决定谁输谁赢。因此，社会环境首先——这是对以前的系统/环境理论的澄清——对体育没有任何意义。艺术、军事、经济、政治、教育和培训方面的外部事件也与体育的内部事件没有直接联系。体育不能从外部判定，它并非人们认为的是社会的一面镜子。根据恒真逻辑，体育就是它本身的样子，不是它本身不是的样子。它既不是政治，也不是艺术、教育或科学。在系统和环境不对称的情况下，体育等系统既不反映环境，环境反过来也不反映体育。

外部环境事件，如经济、政治、大众媒体或科学的干预，都是通过体育特殊的结构和过程的间隙进入的，外部的触发条件和体育内部的反应形式不直接相关。体育自身组织的社会区域在其深层结构中没有直接的外部联系，外部联系只遵循内部原则而实现。然而，体育的发展也需要一些环境干预，比如赞助关系或通过政治体系资助体育协会。因此，实践封闭式的想法并不意味着体育将要或者可能会完全与世隔绝。体育的发展并非否认环境事件，而是在处理这些环境干预时需要参考体育内部的决定。正是鉴于体育近几十年来科学化、经济化、政治化和媒体化所经历的大规模社会化浪潮，完全将目光瞄准体育内部是愚蠢的。像体育这样的社会系统，既不是完全开放的，也不是完全封闭的，而是两者皆有。

但是只有当系统在其准则层面封闭时，开放才有可能。因为体育可以根据自己的原则决定胜利和失败的分配，即可以发展自治，所以它才能够在某些其他方面开放自己，例如传递经济和政治利益或满足媒体期望可以形成并巩固相互之间的依赖。事实上，现在如果没有大量的国家资助，体育就无法支撑下来。从这个意义上来说，体育高度依赖国家投资。准则形式的自治和资源依赖可以说是搭建了两个横向维度。此外，体育对环境资源的高度依赖性不能作为证据来证明体育只是环境力量的一种玩物。如果社会环境高度依赖体育成就，那么体育在环境方面的自我塑造上肯定具有相当大的自由空间。竞技体育对资助有很强的依赖性，例如只要没有干预选择就能设法从国家处获得，而国家方面反过来依赖竞技体育给予它其他东西难以达成的国际认可。因此体现机会关系的组织原则是——通过封闭来开放。

但是，如果干预措施使体育的主要特色失效，体育的自主性和自我指涉性就会被破坏。如果德甲比赛的胜利是由出价最高的一方获得的，那么体育场将吸引不到观众。如果冠军赛的胜利者由政治集团通过幕后交易来确定，那么比赛将由他人指涉而非自我指涉来组织。这样的体育只能在掩盖他人指涉的条件下才能继续运作，或者改变其主导差异，例如变成马戏团、表演杂耍。在职业体育中通过金钱或等值的方式贿赂裁判，在一级方程式赛车中窥探对手使用的技术，或广泛使用兴奋剂等行为，都在威胁竞技体育的公平正义。因为它们破坏了胜败准则，胜利和失败不再像通常那样按照符合规则的体育成绩分配，而是按照外部媒体和技术，如金钱、权力、知识、爱情或化学物质来分配。

然而，准则层面的操作封闭可以使体育通过其他方式实现程序层面的开放，这意味着胜利与失败之间的主要差异是通过一系列对主要准则有意义的行动模式来实现的。男人/女人、成人/青少年、轻/重、公平/不公平等程序差异对体育的胜利/失败导向十分重要。在程序层面，可以出现并考虑教育式建议——如果它们认真对待准则并且不想破坏它，此时，我们也可以引入那些在二元式准则中必须被排除的内容。

系统的程序层面还包括在比赛开始之前通常不知晓获胜者这样一个规则。基于公开公平竞技的原则，体育竞争是不可预测和刺激的。在个别运动员或运动队伍的能力水平相差较大，且因起始条件不一致而阻碍比赛结果开放性的情况下，年龄、体重、性别和联赛分区有助于确保竞赛的结果公平。如果事先就明确地知道比赛将如何结束，这样的比赛绝对是无聊的。由体育规则保障的，并且直到最后才公布的自我赋予的不确定性，代表了竞技体育的一个重要意义标准。即使竞争中的所有内容似乎都已成定局，但在最后一刻仍可能会出现意想不到的转变，比如一名篮球运动员在重要比赛的最后一秒一球定胜负的投篮，能使他成为"救世"英雄，而观众也能从中获得娱乐性的振奋。在体育领域，每天都会发生非比寻常的事情。甚至可以说，等待这些不可预料的事情出现，就是竞技体育的魅力所在。体育竞赛与导演和作者提前精心计划好的电影和书籍形成对比，它是一种"现实生活中的事件"，所有的计划都受制于情境和过程的影响，总是以令人惊讶的方式摆脱其控制者的行动意图。运动员们有意识地通过自己的努力在某一方面或某些方面影响比赛，并借助技术、战术、策略、训练和动力去阻止外部情境控制比赛的企图。

在体育竞赛中，既要以竞赛为理念，追求不易的胜利，又要有结果公开和公正的平等观念，为此，人们不得不采纳以内部规定为形式的标准化保障、规则支撑和第三方介入。这种形式的结构化机制不仅为体育发展提供了防止外部干预的保障，而且还能在系统内部设立不掺杂感情的门槛。它们管理着参与者巨大的人格和动机潜能，充当着阻挡参与者主观性和自发性的防波堤。因此，在球类运动中，裁判作为干预的第三方可以监督运动员的运动方式，并且可以在比赛借助适当的惩罚机制——黄牌和红牌——调解由运动员犯规而造成的失衡。因此，内部干预可以直接用自身的方法进行补救、改正。在运动员违规之后，裁判通过刺耳的哨声进行干预，并重新启动行为流程，从而和结构上趋于非垂直的、以身体为导向的社会情境联系起来。进行干预的第三方的重要任务是使体育冲突客观化、固定化和去个性化。在体育运动中，我们既不允许报复发生，也不提供报复的环境。一旦在运动过程中发现有人反复进行报复性犯规，那么犯规者将受到严厉的处罚。如果体育不在程序层面设置规范性保障措施，那么由胜败规则构成的竞技形势会很快停滞，而且还会面临在文明社会中无法合法化的风险。鉴于此，体育的公平概念似乎是一种系统的语义替代品，它根据胜败规则将自己的成员置于成绩和竞争的压力之下，并且需要相应的道德规范以防止成员在行为层面上制造任何越轨事件。

## 蜕变

随着体育从传统的民间游戏到现代体育的蜕变，足球这一风靡全球的体育项目几乎成了一种理想的运动方式[33]。英国原始的、基本无规则的、口口相传的民间游戏和节日文化，在中世纪被视为对公共秩序的威胁，因此多次被国家政府禁止。然而，在19 世纪的前三分之一时期，市民精英阶层将它们与其最初诞生的背景脱钩，从根本上改变了它们的意义，并在“公立学校”将其转型为在以竞争为导向的独立练习和游戏中面向教育、男性品格塑造、减少攻击性和强身健体的系统。从前粗鲁的、充满攻击性的运动员经过接受学校的竞争伦理学、公平竞争思想后成功地被驯化和文明化；教育系统之外的自治体育可以建立自己的组织，制定国家和国际适用的体育规则，并以书面形式将规则固定下来，确定游戏流程的空间限制和时间限制；从结构上将干预的第三方的社会形象融入游戏系统，严格区别运动员和大众；对运动员潜在的攻击行为进行社会管控，对其不当行为施加处罚；奖励体能优势和战术能力而非暴力和力量。

因此，一种早期的民间游戏出现在英格兰及其外岛上，并在各村庄、行业协会成员、氏族或其他群体之间开展，通过纪律化、专业化、规则化和组织构建的过程演化，进而成为在联赛中进行的、基于胜利与失败的竞技体育。足球自 19 世纪下半叶起，借助交通技术和大众媒体的新发展赢得了自主权，最终胜利进军国际市场，并且直到今天仍然能使观众为之热情高涨（表 2）。在欧洲、南美洲和非洲，足球作为一个有组织的竞技体育项目，最初在商人、传教士、牧师、教师、长途旅行者、水手和士兵中被推广和普及。世界上第一个足球俱乐部于 1857 年在谢菲尔德建立。1863 年，“足球协会”在英格兰成立，该协会禁止球员用胫骨踢球和用手触球，并将足球与橄榄球区分开。由于美式橄榄球、棒球、篮球、冰球、赛马、拳击和赛车等老牌运动项目已建立了主导地位，“足球”在美国仍处于相对边缘的位置（Markovits，Hellerman，2002），它只在美国的中学和大学非常受欢迎，特别受女性的喜爱。足球在德国最初曾遇到过体操运动员的强烈抵抗，他们将这种草坪上的运动视为“英国疾病”和令人作呕的非德国的“脚上粗野行为”（Planck，1898）。德国体操部门严令禁止运动员以比赛、成绩和纪录为导向，而是专注于严格的身体训练、美学展现和民族思想培养——结果，许多体操运动员离开了协会，转而从事足球和其他运动项目。1923 年起，体操才和体育融合。德国足球协会（DFB）于 1900 年 1 月 28 日在莱比锡成立。这个拥有约 2.6 万个协会和 630 万名成员的协会，现在是德国奥林匹克体育协会中最大的组织。

**表 2　从民间游戏到现代体育——以足球比赛为例**

| | 民间游戏 | 现代体育 |
|---|---|---|
| 空间 | —游戏场地没有明确的界限；非标准化的、不均匀使用的空间，例如两个村庄之间，包括牧场、河流和小溪<br>—当地主办 | —建立自主空间以进行和展示体育比赛<br>—体育关系本土化、区域化、国有化和国际化 |
| 社会 | —群体事件在村庄、行业协会、民族和地区之间没有角色分化<br>—游戏者和观众之间没有明显的区分 | —比赛系统内外有明显的角色特征<br>—比赛者角色和观众角色之间有严格的区分 |
| 时间 | —游戏时长没有明确的限制<br>—游戏时间在现有的节日和庆祝仪式的框架内（例如忏悔星期二和圣灰星期三） | —游戏时间有明确的限制<br>—建立自主的体育时间，例如世界锦标赛和欧洲锦标赛的循环节奏 |
| 事实 | —简单、不成文、口头形式传播的竞争规则，带有区域变体<br>—训练和比赛不分离<br>—松散、非正式的组织<br>—对参与者进行非正式的社会自我监督<br>—高暴力容忍度<br>—强调暴力和力量 | —严格的胜利/失败准则<br>—训练准备和比赛执行分离<br>—标准化的规则<br>—从地方到全球层面都有正式的组织，并对比赛和联赛进行区分<br>—通过进行干预的第三方进行正式的社会监督<br>—公平竞争及道德意识作为规范性保障<br>—低暴力容忍度<br>—强调技巧、技术和策略 |

从游戏到运动的类似蜕变不仅发生在足球中，也发生在其他游戏和运动环境中。在美国，一项体育运动自 19 世纪 20 年代开

始产生，其最初的形成阶段是一个在农村基本由儿童进行的大致上没有规则的击球游戏，但最终成了一个独立的、主题化的、由正式规则构成的体育项目——棒球。它最初只在美国东海岸——纽约、波士顿和费城——城市中心的成年群体中进行，后来才席卷了美国南部和中西部，并最后在西海岸的大城市中也有了大量观众[34]。广泛的社会包容促使其在1858年建立了“全国棒球运动员协会”。19世纪上半叶，城市开展工业革命后，新出现的生活条件持续地排挤前现代的儿童游戏文化。清教徒的思想动力失去了意义，逐渐为休闲活动的世俗形式让位。在生活节奏加速、时间紧缺和期望超载等不断影响人们行为的领域，居住地和工作场所的差异、传统社区的瓦解、新兴职业的出现、工作和休闲的严格分离等使人们产生了前所未有的认知固定感中的情绪，也导致了无聊和常规化的滋生。此外，人们在城市中的体育锻炼选择受到了过度建设、土地封闭和交通等的严重限制，农村的儿童游戏由于较大的空间需求在城市中几乎没有机会发挥作用。

当下层阶级享受斗狗、斗鼠和斗鸡比赛，即所谓的“流血运动”或拳击和台球比赛时，中产阶级已将前现代的游戏转变为标准化、可衡量的和以成绩为导向的体育项目，从而与下层阶级的娱乐活动形成了鲜明对比。关于身体退化和现代主体衰退的讨论，在社会正值现代化进程的阶段，同样是美国文化和社会批评的标准主题，就像亨利·戴维·梭罗（Thoreau，1854）以避世散文为形式对工业化和城市化进程表示反对一样。为了从发展中的工业社会的不适中找到救赎，不少观察者将怀旧的目光投向了早前的农业社会，并将其作为治愈手段。体育和游戏之间应该建立一座通过过去的表现形式来治愈现在的桥梁，特别是像在英国“公立学校”已经出现的体育和游戏活动，这些活动被认为是加强个性、教育和价值教育的适当手段，因此也应该出现在大学中。后来，“世俗的神圣化”意义上的棒球比赛成了“美国社会的神圣象征”，在广大群众的热情“追随下”，它在20世纪不仅与大众传媒，而且与经济、政治产生了联系。它代表了其他运动项目所无法代表的传统和价值观，这些传统和价值观被认为是典型美国式的。尽管棒球从殖民地和建国时期到现在经历了巨大的社会变化，但直到今天，我们依然能在棒球运动中看到：勤奋、成就决心和作为清教徒式思想动力剩余部分的坚持不懈、团结、群体导向、坚定和自信，以及作为向西推进的跨越边境的独特美德。

从游戏蜕变到现代体育的背景由此变得清晰起来：自19世纪中叶起，特别是在受机械化、工业化和城乡迁移影响和改变的城市中，人们产生了对消遣、革新、新奇和群体生活的需求，而体育在很大程度上满足了这些需求。随着工作和休闲分离、交通工具的机械化和新的交流技术的发展，如今体育不仅能够发掘和娱乐对体育感兴趣的群众，而且还能让大众在空间中移动，能使他们不受视野的限制而持续获悉与其相关的重大事件[35]。蒸汽机的发明促进了铁路和轮船的诞生，同时改善了体育在观众方面的社会包容性。如果没有大面积覆盖的铁路网的发展，没有发明不受风力影响的水上交通工具，那么在早期的美国体育运动中，大批观众既无法观看跨区域的赛马和球赛，也无法到划船、拳击或大学的比赛现场观看。只有在电报和大众媒体的帮助下，19世纪下半叶的体育爱好者才能无须作为观众亲临现场，却可以很快了解那些比赛的结果。此外，托马斯·A. 爱迪生（Thomas A. Edison）1879年发明灯泡后，电气化逐渐改变了城市夜生活，取代了煤气灯和油灯产生的散射光，对体育运动产生了特定的影响。因为，即使是在黑暗和寒冷的冬天，也能在傍晚和夜间在灯火通明的大厅里举办体育项目，激发群众的热情，这些项目被重新发掘并添加到了现有的体育经典项目和比赛日程中，“篮球和排球，于 1892 年和 1895 年源自基督教青年会（Y. M. C. A.），是为满足人们在冬季夜间进行室内运动的需求而发明的”（Betts，1953）。

有轨电车改善了城市与周边地区之间的联系；新闻摄影、无线电广播和电影放映在 20 世纪的前 30 年里给人们带来了新的视听感知形象；摄影以图像的形式将可视的世界压缩到二维，拆分了人类和动物的动作流程，冻结了事件，并为已经过去的事件提供了可见的伴随注解。通过电话，体育新闻和解说性信息可以跨越遥远的距离，被飞速传递到报纸和周刊的编辑室总部，由此一种新的记者形式出现了。飞机打破了天空的孤独，海洋巨轮将大洲连接，从而促进了国际性体育的发展。电影能展现体育的动作和比赛过程，可以带给观众真实感和可信度，特别是有声电影推出之后。广播报道自 1923 年起，以一种前所未有的方式，通过提供实时报道、体育赛事和听众经历而将德国听众带入体育事件。特别是在安装了相应的海底电缆后，收音机在听觉上将各大洲相互联系起来，并为听众创造了一种同时与世界其他地方直接相连的奇妙感觉。在第二次世界大战之后，电视的出现增加了人们的视觉感官刺激，也增加了他们对比赛的实时和同步性感知，并将其民主化，有助于由竞赛、竞争和成绩提升，以及体育运动构成的竞技体育取得辉煌的突破。如今，移动互联网让世界各地的人们可以如身临其境般地参与体育赛事。

## 观众体育

自 19 世纪中叶以来，交通和通信技术的创新改变了全世界，培养了一个专注于娱乐和休闲的特殊观众群体，帮助他们减轻了生活负担。今天，重大的体育赛事吸引了数百万的观众。对很多人来说，竞技体育不仅仅是一项消遣活动。相反，体育活动的节奏决定了大部分人的生活方式和时间使用方式，例如，当德甲暂停或者奥运会闭幕式结束时，少数社会成员会出现戒断反应或产生忧郁情绪。对于许多人来说，到体育场观看、在电视屏幕上收看、通过收音机收听或在报纸上阅读与体育相关的信息已经成了一种重要的生活习惯，而相关体育信息的缺失对这些人来说将是难以接受的。观众体育受益于现代社会在技术方面的突破。大众导向的体育强调在社会、身体和心理方面激起功能性差异的过程产生的改变，因此它也是一个由现代化社会产生的外部寄生物（Serres，1981）。全球大批对娱乐和庆祝活动感兴趣的公众，对紧张刺激的、创造英雄的、充满情感的，以及凝聚力强的体育活动的需求日益增长，这种现象可以引出富有启发性的对立思考，即生活世界的标准化和常规化发展到了什么程度，以及以身体距离感、主体调整、情感控制、群体缺失和编年断层为形式的社会变化对人类的间接影响在日常生活中蔓延到了什么地步。因此，观众体育以一种极富启发性的和（暗中）批判性的方式评价了现代的显著矛盾。人们对紧张体验的需求，对多样性、群体、节日、迷醉和物质性的需求，指向了由现代社会塑造的日常生活，而这种紧密和混合的类似需求显然在其他社会领域无法得到满足[36]。接下来，我们将通过一些例子来深入讨论现代包容性的思想，以及通过在专门的室内场所特意为观众戏剧性地上演体育表演而准备的社会边缘化和排他性思想。

体育比赛通过上演规则化的社会冲突而为人们提供紧张刺激的源泉，对此许多人都心怀感激。就像观众席上或者电视屏幕前的集体狂热所表现的那样，现代竞技体育对于广大群众来说在打发休闲时间和塑造存在感等方面变得越来越重要。它可以被看作一个消除现代社会的无聊和常规生活的社会系统。作为一项观赏性的内容，它提供了一个机会，至少能让人们短暂地逃离日常生活中充斥着的压力和重复。正如媒体反复报道的那样，竞技体育是“世界上次要事情中最重要的事”。也许这就应了几年前体育记者乌韦·普利兹（Uwe Priser）（《法兰克福汇报》，1996 年 9 月 28 日）所表达的观点。根据他的解释，体育在此期间通过其能力和由紧张维系的专注度，不仅对经济、政治和大众媒体中的许多个体而言，而且对许多团体参与者来说也已经成为“世界上最不重要的事情中的主要事情”。事实上，人们可以以观众的角色参与到以宝贵的体育胜利为目的的规则化社会冲突中。体育协会在实际到场的观众面前，借助行为约束和具体化、专门化的角色来安排竞争导向的互动，通过媒体将不在现场的观众置于紧张的氛围之中，并大力娱乐他们。他们能从这种需求中得到对自己来说很重要的自主权。在观众追求刺激的过程中，人们可以看到现代社会产生的矛盾效应：一方面，制度通过可预料的方式提供具体的服务来使人们的生活更加便利。常规化、官僚化、社会福利和现代保险业的出现减轻了人们必须自己安排和保障一切的负担，从而创造了一种没有负担的、完全积极的安全保障，建立了信任，从而使人们能够在不对未来怀有恐惧的情况下采取行动。另一方面，救济和关怀组织也在呼吁人们通过体育的竞争文化来不断对抗典型的现代式无聊。

体育按照因现代化进程而被边缘化的自身原则来解决和研究需求，这在另一方面也有体现：社会变革使人们缺少了获得激烈的、充满感情的和积极体验的参与机会。人们必须在日常生活中学会克制自己的冲动。一个人如果无法适应公众的文明化举止的行为预期，那他将会承担被社会管控机构管束、惩处和制裁的风险。在这种背景下，观众体育在现代社会内部已成为人们发泄非常规冲动的重要领域。当人们概述在社会文化进化的过程中情感管理发生了什么变化的时候，体育运动充当情感宣泄途径的这一特点就变得很明显。在现代化进程中，自发的和直接表达的情感受到越来越多的社会控制，这是一系列社会成效的结果，我们在此处列举几个例子：独立的法律体系的分化使冲突的解决合法化；在长长的行为链中进行组织构建并结合个体行为，使生活的世界合理化。正如人们从卡尔·马克思、格奥尔格·齐美尔和诺贝特·埃利亚斯的作品中所了解的那样，货币机制的发展也对人们的情感管理产生了约束性的影响。对于观众来说，体育运动现在的吸引力在于，它将情感冲动进行了文明化的粉饰包装，并依据规则颠覆了日常行为。在警察和军队系统之外，体育有意识地在一些项目中建立了接近于暴力的互动关系。在拳击、摔跤、橄榄球、冰球、美式足球和各种亚洲格斗项目中，使用身体力量属于可接受的手段，人们允许参赛者将对手击倒，使其双肩着地或者为了得分、进球或进入禁区而产生肢体冲突。现代体育比赛——如足球、手球或篮球——也代表了一种对抗性的实践，具体表现为可以对对手的身体进行干预。

当代体育对于那些从事体育的人来说是宣泄情感的避风港。那些通过感知过程参与赛事的体育观众，也在以积极和消极的方式释放各自的情感。当球队传球成功或自己支持的球队前锋差点错过进球机会时，观众们的反应也会各不相同：咆哮、尖叫、吹口哨、哀号、乱嚷、抱怨、喝倒彩、鼓掌、兴奋地跳起来、加入其他粉丝拍手的阵营、高唱战歌或集体嗟叹。掌声既可以表达他们对对手的礼貌尊重，也可以演变成狂欢和歇斯底里的狂暴。即使是向来冷静自持的人，也会在这一刻忘记平日讲究的矜持而放任自己的情绪爆炸式地自由释放。观众的自我情感宣泄，使观众席成了一个特殊的存在，因为那些在日常生活中受到严格控制的事件、行为在此地都可能发生。观众将体育当作可以让当前有效的行为规范和礼仪至少暂时失效的机会。在观众这个角色中，人们可以做出与自身其他社会角色不符的举动，如大叫大闹、穿着狂欢的装束、任性妄为、说“不文明”的话语。球迷之间谩骂、对歌或对裁判实施侮辱行为。如果这些行为发生在体育场外，就会被看成是不正常的，甚至会受到处罚。许多观众在粉丝圈子中做的事，在体育场外会被司法部门认定为妨碍治安而受到惩罚。人们可以很容易地发现，在一些体育项目中表达出的情感具有对抗世界的、反阶层化的特质。制造噪声、辱骂和表态性的指向都是一种对于职业化的冷静和“超然物外”的态度的对抗行为。观众不一定只能默默接受裁判的决定，他们可以产生情绪上的、直接的反应，最重要的是可以开展激烈的评论。由于人们内化了情感预期的中立性，因此日常的面部表情和手势越来越僵硬、平静，但是观众可以在看台上、家中电视机前或者通过广播，以绞手、揪头发、跳跃、谩骂、诅咒或模仿动作等方式打破它。

然而，社会现代化的成果变成了观众体验的排斥点。体育竞赛允许人们以无害的形式崇拜英雄。在考虑主体在组织社会中的作用时，这种对个人或群体的特殊倾向会变得可以理解。自19世纪中叶起，人们的日常生活在很大程度上由现代社会的各种组织机构决定。从出生到死亡的整个过程中，人们要跟医院、学校、公司、行政机构或其他各类组织打交道，这些组织对个人进行授课、培训、教育、护理、隔离，或在其去世后协助处理身后事。人们的行为边界主要由预先设定好的规则和规定决定。除了一些可以自愿选择是否加入的机构以外，像学校、工作单位或税务机构等，人们无法选择，只能遵守规定。一般来说，在由组织决定的特定环境中，人们仅能以狭隘的被限制的社会角色被感知和被需要，因此要想在预期的行为义务之外引人注意，可能性相当低。这与人们通常在组织中只能以受众和客户角色发挥重要作用的事实有关。一个人虽然确实采取了行动，但是往往只是遵照指令行事，而其他时候人们在行动中会受到照顾、监督或以某种方式获益。即使是表现出色的人，当他离开自己的行为空间并踏入同时代人的活动领域时，也会变成外行或者一知半解的人。人们全部的自由都是通过制度的保障和组织的成效获得的（大多都是在他们的空闲时间内实现的），但对组织中的个体来说自我便会冒着逐步消失的危险。

相比之下，观赏性体育为人们提供了机会，它使个人或群体至少可以用感知和认同参与其中，成为焦点并引人注目。胜利与失败的两极化导致了竞争，而竞争中可能会出现英雄事迹。因而，英雄的产生并非预先计划的，而是在体育比赛情境结构的框架下产生的。英雄往往出现在那些运动员或球队突然超常发挥的罕见瞬间。一个通过熟练的防守让对方球队陷入绝望的守门员，或者一支通过自身努力扭转看似无法赶超的落后形势的球队，他们最后胜利离场时，就是在向观众传递这样一个信息——个人和集体的努力是值得的，并且可以创造不一样的结果。著名运动员是非凡成就的化身（Bette，2007a），这些超出社会期望的少数人，证明了人仍然是重要的，是被需要的。他们是通过自身的勇敢行为，持续对抗现代社会主体正在逐渐消失这一主题的行动者。在他们身上，观众实际崇拜的往往是自己缺乏的东西：知名度、超凡成就、社会关注和认可，以及个人或集体行动的有效性。在当今社会中，人们通常被组织、机构所约束，英雄这一社会形象的行为会给一些人带来影响，这些人可能在日常生活中不那么重要，很少受到关注和重视。著名运动员是那些通过自己的努力，以某种方式取得成功的人，所以他们真实地向观众展示了成功的自主赋权方式，正因为如此，他们才会受到粉丝的尊敬与爱戴。他们也承担着一系列象征性的功能：他们代表着自己的性别、阶层、地区、国家或民族。1954 年，德国国家足球队在伯尔尼取得的胜利，让战后的德国人在世界大战失利之后获得了全球性的关注，尤其是作为胜利者无害的关注，并让德国人有了民族自尊感。正如当代观察家所指出的那样，其价值相当于成功引入德国的货币马克。运动员通过自己创造的成绩巩固自身的地位。体育协会也在尽其所能，消除组织和社会在个人取得的成绩中的作用。最终登上领奖台的是运动员，而不是他的教练、按摩师或药剂师。

功能性分化的后果影响了体育观众的动力和需求，这种影响的程度在大众的诉求中仍然显著。通过重组其内部关系，现代社会——明显区别于旧欧洲的前现代社会——已经逐渐发挥出了巨大的效能。然而，自 1800 年以来，社会划分出子系统后意外地引发了社会成员在其经历和行为层面的一系列问题性后果。例如，由于家庭和经济上空间和社会的分离及工业化的进程，三世同堂的家庭实际上已经不存在了。即使在新欧洲的核心家庭中，持久的群体生活也越来越少，因为父母都要工作挣钱，而孩子融入学校体系也非常耗时，这就阻碍了群体性的主动推进。在城市中，出于一种自我保护，或为了避免被过度需求，人们会在公共场合对同类表现出明显的冷漠态度。有谁认识在同一个房子里合租的人？谁认识住在隔壁的邻居？最后但重要的是，虽然电话、电视和互联网等技术创新缩短了人们在空间或技术上的距离，但它们确实减少了人们面对面交流的机会。

在当代社会，传统群体在功能差异化的过程中变得支离破碎，而众多的体育比赛和系列赛给他们提供了一种特殊的群体体验——参加以体验为导向的节日活动和加入庆祝性的群体。这不仅适用于体育场内相互感知并对彼此的表现做出反应的观众，而且电视观众和广播听众也可以感受到自己是群体的一部分，因为他们知道数百万其他人也在同一时刻跟他们做着同样的事情。那些在赢得冠军赛后不想仅透过屏幕或通过广播了解，而是想去亲身体验的人，可以加入市中心声势浩大的车队，或者以此为缘由与朋友聚会。足球迷身着俱乐部服装参加化装舞会的行为也表明，个人会在外表上自愿地去个性化并加入超越个人的群体。穿着统一的队服前往球队的主场和客场的足球迷，在一个区域群体的归属感陷入流动性压力的时代中，展现了一种部落式的归属感。在这些标志已经脱离它们对某一特定阶级和阶层的依附后，体育就有可能成为重新寻求部落化和群体化尝试的避风港。《你永远不会独行》这首歌，最初是一支乐队（Gerry & the Pacemakers）在英文流行歌曲节目中演唱的单曲，后来不仅在利物浦足球俱乐部的安菲尔德球场和格拉斯哥凯尔特人队的凯尔特人公园球场被人传唱，而且也响彻了许多其他体育馆，在观众、俱乐部和球队之间营造了一种集体归属感。

在“想象的社群”的意义上，体育运动员和观众之间建立的联系和身份认同的迹象（Anderson，1983），在今天仍以不同的方式展现在体育场上：体育比赛的解说员会在进球后激动地喊出射门运动员的名字，然后让来体育场观看比赛的观众与他一起高喊运动员的名字。粉丝以这样的方式来证明，他们是一个内部彼此熟悉的集体中的一员。这种群体性的体育热情暂时抹除了他们在性别、阶级、种族和宗教信仰等社会特质上的差别。不需要进行什么深入推进，“我”很快便会服从于“我们”。一些体育俱乐部的名字已成为特定地区和观众的阶级情况的代名词，比如沙尔克 04 足球俱乐部一直以来都是工人阶级足球运动员的工会，是资产阶级体育中工人文化的代表。

此外，体育比赛中观众的群体导向不一定总和体育相关。体育也会附加地服务于非体育特性的利益。你只要想想在一级方程式赛车、足球比赛或网球比赛的众多贵宾席中，人们希望被清楚地看到的愿望，或者呈现在阿斯科特或巴登的赛马会上的上流社会的时尚品位就知道了。由此可见，体育为其他形式的群体构建提供了可能。即便是体育场和街头的骚乱，也是群体体验的表现。暴力以凶残的方式区分圈内和圈外的群体，并通过拒绝反暴力和警察的追捕来获得认可。

观众需求与社会之间的联系在另一方面也有体现：经过功能分化过程的社会现代化和随之而来的对社会成员的伤害，在他们的人生中留下了难以磨灭的印记：数百万人失去了工作；如今的夫妻关系也不再像以前那样；现在的友情和熟人网络在社会变革的压力下摇摇欲坠；个性化过程使社会成员的差异逐渐加深。前现代时期的人们仍主要在其居住和工作的区域中活动，生活完全由宗教的世界观指导，而现代社会中的主体需要适应空间和社会的流动性。除此之外，他们也正在经历社会内部的巨大变化，进入一种“形而上的无家可归”状态（Lukács，1919）。当然，现代人不得不接受的严重断代感，不能完全通过体育中的被动包容性来弥补和抵消。不过，人们几十年来对体育持之以恒的热爱和兴趣可以为他们提供人生支点，其作用不应被低估。这种兴趣最初适用于传记式回忆，因为它通常在儿童和青年早期形成，并且对智力要求不高。人们可以出于自身的兴趣开展体育活动，例如，即使他们早已离开出生地，却仍然可以支持自己家乡的足球队。大众媒体有助于保持人们的这种兴趣，因为它们通过存储和传播信息，使观众不受区域限制地接受体育活动。

体育活动通过回望过去，并结合持续发展的现在，构建自己的发展历程。从前，星期六下午电台转播的足球比赛及电视播放的晚间体育节目，到现在仍然是周末的日常惯例，许多人基于这些习惯来组织和构建他们的闲暇生活。鼓励公众被动消费体育活动，以及在观看和收听体育比赛时坚定地捍卫体育特有的实践，表明人们具有一种很强的渴望：获得消遣，并要在一生中不断忍受的非连续性的时代体验到连续性。当今社会，功能分化过程出现了不断发散的时间范畴，遵循体育运动带来的生活节律有助于为个人的生活建立超越日常工作朝九晚五的稳定性，因为重复性的仪式能创造连续性和安全感。系列联赛是按相对固定的时间安排的，体育借助这些系列联赛给人们的生活提供了支持：提前安排数周、数月和数年后的活动，并在集体的基础上构建个人体验——类似新闻放送的效果，媒体为数百万人开启夜生活，甚至能通过灾难和战争向观众和听众传达非常重要的信息，而人们至少现在仍然需要依赖传播这种可怕信息的媒介。借助媒体技术，体育运动逐渐朝个人导向的方向发展，如同在旧欧洲的前现代社会中教会的作用。几个世纪以来，教堂的钟声决定着人们的日常生活节奏。教堂的庆祝活动创造了不断重复的、有规律的情境，且有助于唤起人们的期待和安全感。由于比赛日程固定不变，体育运动呈现出一种类似的可靠性：政客们你方唱罢我登场，股票行情起起落落，但是德甲、奥运会、欧洲杯和世锦赛依然按时举行。

本小节在社会现代化进程的背景下讨论了观众体育，若要回答观众的体育热情可以解决哪些问题，还应该指出一些体育生活为观众减轻负担的前提条件：观众的热情及其在体育中以大众角色为形式容纳的一个重要的边界条件是，观察者的存在不会对体育竞赛的结果产生任何影响。对于观众而言——如果没有比赛纠葛——他们通常不会有任何损失，他们可以一起激动、兴奋地庆祝胜利或者哀号着对失败进行评论。体育观众可以拥有一种没有负担的刺激享受，一种令人愉悦的“快感”，以及一种充实的现实体验。在一场比赛中，观众关注的并不是生死、经济利益或其他的东西，而是一个对自己来说无关紧要的东西，即比赛的胜利或失败。当自己国家的足球队最终没有在世界杯上获得第一名时，就算大众会暂时产生群体性悲痛，这也不会给国家主体间真理的产生或集体约束性政治决策的出台带来任何影响。对于许多人来说，即使观众体育对现代社会的运作来说不是必需的，而是可有可无的，但它仍能自相矛盾地成为个人生活方式中不可或缺的必需品。

对观众来说，竞技运动总能令人兴奋、充满乐趣，而且能令人耳目一新，这是因为它明确地无视了根据种族、宗教、出身或道德来划分和捍卫社会地位的分类标准。在百米赛跑中，赢得比赛的是跑得最快的运动员，而不是最漂亮、最富有、道德最高尚、最虔诚或社会最底层的运动员。参与者拥有形式上的平等，只有合乎规则、准确测量的成绩才能计入比赛结果，因此现代奥林匹克精神等全球传播的理念就能够很容易地实现制度化。体育和与之相关的所有社会领域都受益于相对无条件的容纳模式，竞技体育通过这种模式在大众媒体的帮助下进入了公众视野：拥有感知能力和相应的同理心，就足以参与超越语言能力的体育决策。智力上的鉴赏能力和特定技能对于公众来说不是必须拥有的前提条件。观众只需以信号的方式感知并“阅读”运动员的身体运动过程，然后识别出相应的体育项目的规则——这样做可以使他们减轻更深层次的反思压力。竞赛本质上是实际存在的身体或人/机系统之间的非语言冲突，因此尽管存在语言壁垒，但竞技体育仍可以轻易地吸引和激励全球观众。

从对社会体育的分析中可以得出一个重要的认知：以观众为导向的体育提供的各种各样的经历和行为，满足了人们主要由社会现代化过程引起的需求。社会体育通过胜利和失败产生的兴奋感，创造了热血沸腾的群体，实现了他们的身份认同，允许他们进行自我情感的宣泄，使他们通过区分系统时间确定自己的人生锚点，还借助媒体让所有这些在世界范围内都可以被观察到，因此，它成了一个现代神话。基于这一判断，公众对体育的兴趣就可以被归类为社会成员的一种应对机制，而且其复杂的动机组合没有任何功能性等价物。不管是政治、经济，还是教育、宗教、艺术、科学或法律制度，通过其特有的基本运作在满足公众的持续需求方面都无法与竞技体育相提并论。

原因有以下几点：政党代表大会或议会会议通常只是象征性地展示已经预先确定的结果，因为相关人员已经事先在公众视野之外协商确定了结果。此外，政治行为的后果并非无关紧要，而是会持久地影响人们的生活。毕竟，政治的功能恰恰在于，即使无法达成一致，也要制定具有集体约束力的政策（Luhmann，2000）。经济行为在贫富两极的反复之间也缺乏体育具有的那种“生命之轻”。人们在股票市场上遭受经济损失，或者作为球迷偶尔哀叹本国足球队的失败，两者有着截然不同的重要意义。即使是传统的官方组织——教会——也不适合作为弥补现代化造成的压抑和损失的功能性等价物。尽管存在泛基督教主义，教会的高级神职人员和弥撒仍然被人视为连接想象中的超然存在的纽带，体育则能抚慰那些在尘世中问题得不到解答的人们。在西欧的教会中，宗教提供了一种缓和的、冥思式的行为和祈祷模式。因此，不少同时代的人认为教会弥撒相当无聊并且一成不变。通常情况下，弥撒无法做到像体育竞赛那样会令群众着迷并产生狂热的紧张感。宗教庆典的情境结构既不是对抗性的，也不是以胜利为导向的，在宗教庆典上，参与者没有说不文明语言的机会，也不能用相应的肢体表达形式来宣泄情感。此外，各种宗教信仰尚不能在不产生冲突的情况下实现长久共存。然而，在现代大众媒体的帮助下，体育已经发展为“全球参与”了，即使是两个有冲突和争议的国家，也能以文明的方式共同举办体育比赛。此外，宗教只能通过信仰，通过依靠超自然的、缥缈无形的事物来提供确定性，而体育却能让观众通过观察真实存在的运动员的身体运动来获得确定性的体验，这些运动员在观众可观察到的竞争氛围中相互比拼，争夺胜利。因此，即使有些运动员为了获得胜利而信奉超自然的事物，体育代表的也只是体育本身，不是任何其他东西。与传统宗教相比，体育既不以神明为中心，也不追求死后想象中的天国，它更多地关注运动员的身体状态。

科学也同样无法在功能上同等地弥补由现代化引起的紧张刺激、群体性、身体体验和英雄主义对人的压制。科学研究的结果经常过于抽象和晦涩，不便于普罗大众理解。许多科学知识无法转化为图像语言，以至于即使是感兴趣的观察者在日常意义上也什么都观察不到。科学领域内的英雄，比如诺贝尔奖的获得者，也并非在公众的直接注视下、在重要的竞争环境中开展研究，而是在实验室里、在大众视野之外进行。此外，科学英雄，都要在非公开的委员会决议框架内取得成果，然后在数年甚至数十年之后才能获奖。观赏艺术活动或者参观博物馆也不会激发大众持久的兴趣，因为普通人通常只有内行或者在讲解人员的陪同下才能看懂艺术作品。不过，观看百米赛跑或是足球比赛时，即便是那些不清楚各项规则或者不认识运动员的人也能看得津津有味。如果重复参观某个展览，到第三次的时候人们就会觉得看到的都是一些一成不变的、熟悉固定的东西。即使展览上有可随时更换的视频设备，总有一天也会让人感到无聊。相比之下，体育比赛则不断创造新情况，其结果更是无法精确计算。观众参与体育，相当于参与了动态的社交活动，运动员行为的结果会随着比赛的进行而瞬息万变。在足球比赛的热身阶段，没有人知道球场上接下来会发生什么，因为运动员是在不断对抗的，双方都在努力地遏制对方的进球机会。

## 参与者体育

自1800年起，功能分化的过程在欧洲西北部通过辐射效应向其他地区、国家和大陆扩散，并在多方面对体育的起源产生了持久的影响。一方面，技术化、工业化和城市化将爱好体育的大众纳入其中。不论何种出身和阶级，人们都蜂拥聚集到某个地方，以观众的角色参与到体育比赛中，即使不在现场，人们也能通过新的通信技术实时了解体育赛事。另一方面，社会现代化的过程也激发了人们作为体育观众去娱乐和消遣的需求，他们想要远离日常生活和常规，远离身体距离、情感控制和家庭亲密关系。这同样适用于我们将在本节详细探讨的以身体活动为中心的参与者体育。它受益于现代技术和组织，并将社会的、心理的和身体的变革结果作为其出发点和合法性的基础。因此，体育为社会成员提供了双重包容性：除了为观众、读者或听众提供愉悦的、参与运动的机会之外，它还给人们提供了能够实现以自己的身体为导向的行为情境，即“行动”（vita activa）。对于许多人来说，体育已经通过这双重功效成了一个重要且稳定的参考量，它突破了时间限制，为人们提供了运动、社交和富有生机的体验，保证了人们的健康，并利用人们的感官扩充了他们对日常生活的体验感知。

相对于借助电视、电影、书籍、报纸、广播和互联网而进行的较为被动的休闲活动，在参与者体育中，更为重要的是融入其中、作为主动行为者的人。用法国社会学家阿兰·图雷纳（Touraine，1995）的话来说就是，运动员要成为行动者，而不是代理人。他们要采取行动，而不是成为行动的对象。运动员通过不同实践展示的示范性行为主义和生机主义的背后，是他们对体育的许诺，即在抽象的、与身体有距离感的社会中，他们仍然有可能重新获得对自己行为的控制权。尝试在体育运动中进行自主赋权针对的是人们在社会现代化之后不得不承受的、无意义的、渺小的和失去权力的体验。

以下的相互关系可以在此作为例证：受限制的自我效能和无意义的感觉首先是现代社会作为组织性社会运作的结果。自19世纪以来，越来越多的团体从个人与社会之间脱颖而出，极大地改变了以往的人与环境之间的关系。詹姆斯·S. 科尔曼（Coleman，1986）指出了个体和组织之间日益增长的不对称性并推测，这种不对称性会不断压迫个体，或者如他所称的“自然人”，并使其显得多余。这是因为个体掌握的控制资源远远少于其上级组织所拥有的资源。无意义的体验会持续出现，因为在劳动分工的组织社会中，个体行为普遍不是在一个封闭的、可控的和自给自足的行为环境中开展的，而是被嵌入了漫长而复杂的行为链。行为的开始和结束通常难以被精确地观察到。每当参与社会活动时，人们总会与附属的现实联系在一起，但他们无法制定社会规则，也无法左右其影响。仅仅是由于自身与各种社会功能系统的结构性耦合，人们就会陷入失去掌控的情境，而这种个体影响力的局限性和个体的无力感最终会通过大众媒体不间断地传播到每个个体那里。新闻广播不只告知人们世界上正在发生的事情；与此同时，它们也让人们清楚地认识到自己的影响力有多么渺小。于是，对世界的观察、聆听和沟通以一种微妙的方式令那些善于观察者得出了一个判断，即个体是无关紧要的，没有任何影响力。

相反，参与者体育为社会成员提供了获得另类影响体验的机会。在组织行为者“无形之手”的运作下，个体按照不同的社会子系统的节奏随波逐流，只有在非常有限的局部中才具有个体意义。显然，人们不但要被动地参与世界的各个部分，还要主动地、“完整地”参与和体验世界。在体育运动中，个人可以在一个系统支持的行为空间中作为个体，作为不可分割的量，变得有意义和引人注目，而且可以争取唯一性（Bette，1993）。可以说，体育“十分包容”那些长期从事体育的人（Göbel，Schmidt，1998）。马拉松运动员完成几个小时的训练，铁人三项运动员每天花几个小时刻苦训练，休闲人员在健身房中举铁，在这些情境中，个体不是象征性地而是实际地作为完整的人被接纳。通过对身体和心灵的特定掌控，体育为现代社会主导的包容性动态提供了一个彻底的应对方案。人们希望并且可以从完成体育项目的体验中获得掌控自我的感觉。参与者体育提供了一种稀缺资源：它被用在小规模的、自身行为的微观物理中掌控和组织世界。因此，人们通过跑步、跳跃、推撞、投掷、滑翔、降落、驾驶、攀爬、起帆、游泳或潜水等形式在体育馆内外开展的各种行为，暗含的是关于克服困难、经受考验和自我激励的故事；而在出现危机、丑闻和崩溃的时刻，人们的行为则讲述的是无法应对困难、幻灭、无力和停滞不前的故事。

参与者体育给人们带来了自主赋权、活力和自由的感觉，因为身体的使用意味着人们沉浸在一手经验的世界中，掌控着自己的感官和肢体。观众在看电视时，不得不受限于导演或摄影师的剪辑顺序和图像选择，因此，所了解到的世界只是被选择后的部分，而这些部分只能被观众被动地接受，但运动员本身——尽管有系统的预定义、组织的可能性或行为预期——是自己的导演。运动装备和技术工具，如赛车、滑翔伞、冲浪板、游泳脚蹼或山地自行车，可以作为延伸运动员肢体的专业工具，他们借助这些工具可以管理自己的感知和体验过程，并控制其在空间和时间上的运动。

通过直面自己的身体，人们从体育活动中受益，因为直接的身体感知体验有助于自身建立一种安全感，这种安全感是无法仅通过参与象征抽象的符号系统或虚拟现实获得的。个体在其现实体验中是否主要受符号学现实，即受到语言、文字或图像的影响，或者其自身是否在直接的感官接触中可以理解、发出、获得、嗅到、听到、调查到或者观察到“现实”，并被实际存在的自然元素包围和影响，这些都具有不同的意义。手、脚、眼睛、耳朵和鼻子使我们能够参与到那种试图通过抽象和符号体系而再现的现实，但却永远无法让我们直接触碰到。人们走过或跑过的林地，滑行或路过的雪地，游过或潜过的水域，用自己的手和脚攀爬上的崖壁，所有这些都创造了一种无与伦比的独特体验，这种体验是通过书籍读物或各种运动形式的影像资料都无法体会到的。

原初经验的复兴展现了体育中自主赋权运动的一个重要组成元素，这得益于现代社会层面完全对立的发展。人体负责抓握和行走的肢体在现代化进程中逐渐失去了重要性[37]。早期由双手履行的职能如今都分派给了机器设备。人们无须自己书写文字，就可以在计算机软件的帮助下编写文本。如今的汽车主要是通过机器人和机械制品拧紧并焊接在一起的。此外，人的双脚也逐渐退化，人们只有在运动和短距离移动时才会用到它们，因为汽车、火车和飞机的出现使大部分远距离的移动不再需要双脚。

体育弥补了曾用于抓握和移动的肢体在社会意义上的丧失，这在那些需要行走、奔跑、攀爬、抓握、推动和拉动的体育项目中尤为明显。人们在利用自己的双手离开地面，抵抗地心引力，或者移动双脚来征服空间的过程中，收获了一种基于感官印象且不需要交流式理解就能获得的确定性。双手和双脚能创造一种直接经验，而语言则会解放它们（Gebauer，1984）。感知主要指涉的是在场的事物，沟通则是针对那些不在场的事物，通常以语言或文字的形式表现。当然，人们在工作场所——如坐在电脑屏幕前——也能获得感官体验，此时他们的身体仍然很重要。尽管如此，值得注意的是，机械化和自动化时代的直接感知已经沦落到只是按几下按钮、拨动开关和关注屏幕这样简单的感知。在这一背景下，行为者可能会在玩电脑游戏时从屏幕的二维画面上体验到跨越空间的感觉，也可能在体育活动的真实三维空间中拉近与自己身体的距离，从而深入了解大地、水、阳光，了解自己身体的局限性，但这两种体会截然不同。

为了满足其健身兴趣而开发都市内环空间的奔跑先锋——慢跑者或者参加赛事的马拉松运动员表现了他们在身体方面的追求，即明显和刻意地引入、收集直接感知经验，而不仅仅是将其作为附属品。近年来，城市发展出了高度分化的运动和身体文化(Bette，1989，1997)：城市中的“冲浪者”——滑板爱好者利用教堂、公共建筑物及街道设施前的沥青场地，向围观的人展示其高超的特技和操纵身体的艺术。轮滑爱好者踩在小小的橡胶轮子上，以比步行快得多的方式灵活穿过人行道，并将其他人工具化，把他们视为人体障碍物。玩沙滩排球的人夏天在沙滩上手动堆起沙箱，能接住角度刁钻的球，并会使用相应的技巧防止球在接球前触地。在城市的沥青路面上，他们将自己塑造为阳光、海滩和生活乐趣的化身。街头篮球运动员身着很酷的服装，在街道的边缘地区进行比赛，球和篮筐周围还会播放合适的背景音乐，他们会在充满男子气概的场景中模仿美国贫民窟青年对松散、随性和自信的崇拜。体育攀岩者离开日常运动的领域，在桥墩、房屋墙壁、雕像和其他纪念碑上获得垂直体验的快感。跑酷者使用现代化的物品作为跑酷地点——如房屋、桥梁、阳台、混凝土坡道、绳柱、墙壁和栏杆，并通过体操式的技巧和灵活的特技展示他们对自由和自我表达的渴望。他们通过自己的表现来打破建筑师和城市规划师原有的设计和使用规划，并冒着高伤害的风险，去跑、跳、攀爬、摔倒和滚动，将机动性付诸现实。城市马拉松比赛越来越多地接纳以成绩为导向的群众运动员，甚至年龄较长的人也希望参加比赛。铁人三项也已成为休闲界的热门运动项目。不少运动员会强迫自己去游泳、骑自行车和奔跑，体验行动力强大的主体感觉；会让自己在训练队中体验社交和群体感；也会享受比赛时公众的助威和掌声。

正如所有上述例子所展示的，参与者体育采取了一种对抗现代生活的智力化、头脑化和书面化的身体导向行动。通过去爬山、在足球场上追逐足球或在健身房里挥汗如雨，人们将身体示范性地当作运动载体，并且在一个身体已经在生活的许多方面逐渐失去意义的社会中进行这些活动。人们驾车、乘飞机出行，通过电话或者邮件交流，在一定空间内越来越少地从事消耗时间、身体和能量的活动。现代化过程几乎完全消除了身体极限的状态，而参与者体育提供了一个系统地将现代人的身体距离感颠倒过来的世界。身体疲劳和精疲力尽是前现代社会的身体状况，当代体育则重新赋予了其意义。当代运动员的行为中出现了一种目的－方法理性，它与人们常用的身体使用方法形成了对比，并证明了常用方法的非经济性。身体和心理的消耗不会作为一种威胁出现在参与者体育中，而会作为一个条件，提供以意义为导向的生活方式的机会。工会和雇主在体育外的行为领域采取的防止身体和心灵过度疲劳的保护措施，不会在这里出现。相反，体育运动为人们在身心消耗的背景下提供了尽情享受人生的机会，并能使他们远离日常生活中个人健康和身体塑形的制度化形式。运动员不仅在日常生活中反对在身体上的享受、追求乐趣或过度使用身体，而且有时也会反对流行的健康概念。

通过参与者体育中对自己身体的系统处理，人们有机会发掘其他形式的身份认同，并由此建立他们的自我价值感，这是他们在日常工作中处理抽象符号系统时体验不到的。在体育中起作用的是心理、身体技能和能力，即归因性特征，而不是出身、金钱、职业、地位或学习的书本知识等资源。体育与力量、速度、毅力、灵活性、技巧、勇气、自制力和心理承受能力有关。在体育外的社会领域进行的自主赋权尝试和区分措施，则发生在纯粹抽象的世界中。想在科学方面取得成就的人必须写报告、计算统计数据或筹措第三方资金。想要证明自己作为运动员的成就的人，则必须跨越横杆、进球或撑下来一场马拉松比赛，并且可以率先放弃语言或语言衍生物。

## 作为现代性综合体的体育

当代社会中，体育既可以联结观众，也可以联结参与者，以其“第一现代性”和“第二现代性”（Beck，1986）相互联系，并以一种显著的方式互相联结[38]。“第一现代性”是贯彻自身的现代性——即逐步消除并取代前现代的社会关系，促进功能分化，并以特定方式重塑人与社会之间关系的过程。“第一现代性”导致了人与自然之间的疏离，压抑和驯服了野性的身体，瓦解了多功能的、混乱的互相连通的社会结构，并通过自我指涉的和遵循自身逻辑的社会领域而被取代；它压抑了人们的情感，使其生活体验失去了魅力，创造了工作组织和官僚机构，导致了群体损失，并给社会成员的内心带来了压力和单调乏味的感觉。最重要的是，为了避免通过出身、种族和宗教信仰来分配稀缺的社会资源和社会地位，它确立了相应的原则。

“第二现代性”是“第一现代性”结果的反应，解决处理其产生的后续问题。它唤起了人们对人与自然关系的新的敏感性，有选择地重新解放人们带有野性的躯体，重新发现被压抑的空间和时间，在组织化的社会中鼓励人们进行自主赋权的尝试。它会在观众和活跃的运动员中建立群体联系，并引发社会学反思“第一现代性”和“第二现代性”的条件和后果。两种现代性之间并不是严格的并列关系或先后关系。在“第一现代性”很早就得到贯彻的社会领域，“第二现代性”也出现得较早，而在其他行为领域中，“第一现代性”甚至都还没有出现。

这些对于“第一现代性”和“第二现代性”意义的普遍思考，与我们的主题直接相关：当前影响体育形象的各种实践，类比现代性的矛盾心理，指向塑造现代社会的反对和支持特征。它们同时展现出了对现代性的否定和肯定。特别需要指出的是，竞技体育由于严格地向进步、竞争、成功和技术看齐而以特殊的方式变得“现代化”。投身于此的社会人物的行为，如专业化、身体控制、情感控制和目的理性等，从非特殊意义的角度来看——比如在没有其他以身体和人为导向的社会领域中——会发挥明显的作用。由此可见，现代性的“灵魂”在这个行为领域真正从字面意义上被充分反映了出来并实体化了。在竞技体育中，以成绩和竞争为导向的人们会极端地使用自己的身体，这造成了种种严重的后果。越来越多的消耗只能换来越来越少的成绩提升。对运动员身体的要求愈加严苛，已经到了近乎不可能的地步，因为在这个完美理想的社会系统中，没有设置任何停止规则。因此，竞技体育正变得越来越需要前提条件，风险变得更高，结果也更多样化了。例如，对运动潜力的增长和提升的执着关注变得明显了，现代性的身体活动反映了一种一直存在的更高、更快、更强和更好的假设。这种形式或类似形式的发展推动着现代社会的所有成就领域。

尽管现代社会过度追求卓越，但体育实践其实是一种反向的戏剧舞台，它质疑和批评现代性的表现形式和后果。在此基础上，体育旨在为被压抑的和被边缘化的东西赋予新的条件——例如，面向慢节奏、健康生活和享受当下的体育模式可能不再严格区分运动员和观众。显然，在所有人类体验和行为层面可观察到的社会现代化进程的影响激发了个人的应对策略，这些策略依赖于表现个性化和成功的概念，也依赖于日常生活中关于爆发、群体、健康及革新的想法，目的是以时代特有的、清除旧观念的形式重获新生。在体育运动中，被忽视的或者被排除的需求可以以一种典型的现代方式凝聚在体育热情中。

主动和被动地参与体育运动时，一种指导性的反转展示了功能分化过程如何掌握个体方位的行为和体验，如何巧妙地塑造它们。社会现代化所附带的益处，事后也被证明是附带的伤害。例如，那些在现代多重意义世界中给人类的决策选择多样性带来的结果，或者运输和沟通的技术机械化对身体和群体造成的后果。许多事物变得更快、更复杂、更不透明、更抽象、更不确定、风险更高、更冷漠、与身体更疏远。人们通过依靠体育训练过的身体、使用体育符号和标志、造访以体育为导向的社区、在体育场内或家中观看运动着的身躯，来寻求安全、认同、群体和体验的基础，而高度发达的工业社会越来越无法使其成员自信地拥有这些东西。这清楚地表明，在今天，任何想要谈论体育运动并希望找到问题的人，都无法对现代社会及其影响保持沉默，而对于这些问题，体育又以其多样化的模式表明它可以成为解决的方案。

“第一现代性”和“第二现代性”的相遇给社会，特别是在社会的组织方面产生了一些结果：对现代社会的影响的反应，以及对组织内部和组织引起的常规化、专业化、容纳度和外部控制的反应，已经在此期间被纳入团体参与者的计划中。如今，专业的组织伴随并实现了个体行为者的独特性、自主赋权、身体评估和整体追求，这也导致了矛盾和悖论[39]。当代体育及其各种组织——如俱乐部、协会、健身房等——早已成为“反应式团体化”领域的一部分（Schimank，2001b），它在现代社会中的诞生是出于对匿名的、不透明的和疏离的大型组织机构的统治的反应。

## 在无意义中寻找意义

就系统理论而言，体育在现代社会背景下的特殊之处在于，它主要试图借助社会意义、原则提供社会中的个人环境和身体环境。有一句格言是这样说的：于无意义和无声处寻找意义。成绩、纪录、成功、健康、冒险、健身、放松和乐趣已成为语义的主导表达形式，我们可以借助它们寻找意义。在体育的各种活动领域中，人们不仅有机会通过某种意义、原则的强烈影响来塑造自己，而且有机会用自身的逻辑和客观规律去深入研究。在身体的、非沟通的世界中，人们可以获得在日常生活中被禁止的不同经历和感官印象。在某些体育情境中，人们不会用金钱、权力、信仰或真理等社会符号系统来衡量自身，这些系统在参与者的背后展现出控制力，并且经常在日常生活中唤起外界控制，使人产生无意义和无力的感觉。参与体育运动的个体行为者会以其主观、客观的整体性克服地球引力，也会不断研究水的不同形态，会用专门设计的飞机和滑翔机模拟鸟类的飞行，或者尝试用赛车、汽车、帆船或独木舟对抗自然逆境，并尝试用尽可能短的时间实现空间距离的跨越。

运动员会有意识地转向不以意义为基础而运作的变量。这不仅适用于在生活基础上作为物理－有机系统运行的、投入体育运动的身体，也适用于土壤、水、空气和光的自身动力。旨在改变或成功利用自然元素的行为，受制于旨在参与无形沟通过程行为的其他游戏规则。在体育中，在所有个人和沟通引导的应对和尝试中，身体、自然和技术设备定义了不可避免的界限，而人们从中获益。万有引力定律限制了空间运动，无论是行走、跑步，还是飞行、攀爬、滑翔或游泳，人们的身体始终依附着地球。大自然为某些特定的行为打开了窗户，但也关上了其他的窗户。因此，在体育中，人们必须学会读懂和理解身体的“法则”、自然的元素和运动器材的特点。无论是在阿尔卑斯山脉赛跑时的陡峭斜坡，还是跳高时的地心引力，或是城市马拉松比赛时的炎热，都不会因话语决策或语言沟通而停止或从世界上消失。在各种体育项目中，参与者只被允许进行特定的运动，如果出现行为不当的情况，其会受到以受伤甚至死亡为代价的处罚和制裁。运动员往往会表现出极强的环境适应力和情境决策能力，能够果断地决定何时行动或何时放弃行动。他们知道下一步应该将手放在单杠的哪个位置能防止跌落；知道在足球比赛中为了避免与对手发生碰撞或为了精确传球，下一步要做什么；知道如何改变自己身体的重心才能冲上浪尖或者乘单板滑下山谷。所谓的无意义由此在体育中成为节拍器、限幅器和行为推动器。

体育赋予主体的支撑点，并非抽象和象征的形式，而是生物和物理世界的具体表现，它们是诠释主体意义的灯塔，并相应地经常被触发。换句话说，如今各种形式的主动运动具有非常重要的意义，这与社会现代化进程产生的社会、心理和身体变化，以及由此产生的体验和行为的重构密不可分。此外，它们也可以作为对社会沟通中扩大的抽象性、不和谐的经历、社会引起的幻想破灭和沟通耗损的反应，当它们在大众媒体的帮助下产生并被传递到个人意识中时，该作用尤为明显。其实许多人说的话往往并不是他们真正想表达的，而只是单纯地进行“沟通交流”（Luhmann，1995），给可被感知的、有形实体的身体和自然做出同一类的明确承诺。

开展体育的因素及运动员用于锻炼的器械，往往代表着一种“残酷的现实”[40]，它作为“真实的”和“不依赖于观察者的”事物非常合理地出现在观察者和使用者面前。显著塑造体育现实的决定性因素或多或少地互相紧密相连。因此，人们将它们用于自我定位和自主赋权，或者作为产生可靠性和依据感的来源，这一点很容易理解，因为如果在社会领域作出类似的努力，往往需要将沟通作为媒介，并且会遇到可预见的困难。正如新的社会学系统理论所指出的那样，只有同时满足三种不同功能的沟通，才能被认为是成功的沟通：信息必须首先被传递，其次被理解，最后被接受[41]。因此，沟通壁垒至少可能以三重方式发生：即使在有需求的情况下，重要信息也常常被有意不进行传递；即使信息已被传递，经常也不会被感知和理解；信息被理解后，它也不一定被接受并转化为内部决策。因此，沟通在正常情况下不是达成共识，而是产生分歧——这并不能减轻主体参与社会沟通领域的语言或语言衍生负担。例如，在高度分化的社会中，当大量受社会结构影响的个体参与社会功能系统自我指涉的封闭式沟通循环时，肯定会经常体验到，自己很少可以理解或以某种方式影响交流式的自我动力方面运行的事情。现代性不仅没有使其主体免受早前存在的和生活的压力，而且还以微妙的方式加重了这些压力，并且在不少人身上唤起了“社会的烦恼”（Dreitzel，1968）。

现代性为追寻躯体天性和行为的身体化提供了决定性的优势：正是因为身体本身受制于法律，它反而适合作为固定个人和集体意义要求的终点。如果人们遵循这一判断，那么社会对身体的召唤就是针对现代多元社会环境中逐渐分裂的现实的应对策略。体育本身似乎是一种旨在防止人们从现代性中分离的措施，而不是作为社会功能领域的一般环境措施。在现实形象崩溃的地方，显然需要具体、清晰和身体体验的自我作用。体育的意义不是在交流的基础上建立的，而是利用身体的强度、自然的特征和限制及文明的物质性，为了给替代性的经验和行动及非日常的自我观察使用的。针对在组织社会和媒体社会中出现的、被边缘化的亲身经历和外部影响，体育提供了一个吸引和留下许多人可以亲身经历的体验世界。具体和自我形成的身体经验对抗了那些在“抽象社会”中不得不忍受的经历（Zijderveld，1970）。事实上，现在许多社会成员在身体训练的框架内，越来越多地依靠自己的身体基础，或者作为观众将注意力集中在运动员身体上，这是不无道理的，因为身体是一个可观察的实体，可以在有限的空间内移动或操纵意识。身体可以更好地与自然或技术工具的特点相协调，而不是与抽象的、非物质的符号世界相符。人们可以借助自己的身体攀登山峰，也可以从认知上攀登科学真理的山峰。珠穆朗玛峰虽然很高，但它的高度是有限的；科学之山每天都在变得更高。本章阐释了社会中的体育，下一章旨在深入阐释体育社会学的研究。基于此，我们希望观察和描述体育社会学中用于观察和描述体育的理论探照灯。此外，我们还将研究由这一理论探照灯照亮的体育世界的分析层面。

# 第六章　研究层面和理论重点

根据社会系统和社会背景条件对社会学自我理解的意义，体育社会学的研究领域大体上有三个参考点，这三个参考点通常被视为构建系统的重要层面，并且标记了不同的系统类型。换言之，体育社会学的研究涉及在互动、组织和社会层面与体育相关的分析（Luhmann，1975）。当人们在体育的微观社会情境中发生冲突，在他们的身体和行动中存在相互感知并根据特定的意义标准相互协调各自的行为时，其中的关系在互动层面通常非常重要。体育通过明确地针对人、身体、训练和比赛，为社会群体的分析、面对面的关系及直接塑造和影响体育互动的社会人物（教练、运动员、裁判员、观众，还有体育记者或者经济赞助商或政治支持者）提供了广阔的发挥空间。以竞赛为导向的竞技体育，基于其对胜败规则的迷恋及参与者之间的全球竞争，为人们提供了独一无二的机会——在实验基础上研究合作与冲突及联合与分裂在紧张情境下的微观社会行为：在专业的团队中，球员互相之间为了稀缺的上场资格存在激烈的竞争关系；而日常活动中的业余体育参与者则会聚在一起，在特定的小组中一起做运动。在水中、陆地或空中的不同地方都可以发生与体育社会学相关的互动：街道、体育馆、体育场、游泳池、其他公共场所或城市以外的各种自然环境。

体育的独特之处在于，其参与者在比赛中的互动性合作与竞争主要通过感知过程进行，因此大部分是不受语言控制的。由于赛场上事件发生的速度极快，旨在精确指挥运动员的具体交流指示无法取得成效，因此，教练通常只能在暂停或赛间休息时予以指示。足球比赛实际上与语言沟通能力无关，与之有关的是在比赛中使用事先演练过的策略和战术来协调比赛时的身体状态——通常由偶尔给出的手势和面部表情示意。竞技体育的主要特殊性——胜败规则——是制定运动员普适行为框架的基础，并为个人提供了相应的行为动机。在体育比赛中，促成比赛中核心事件的媒介是球，作为一种人为构建的事物，它在相关的规则中被人“驯服”和控制。在体育运动中，语言只是身体动作的伴生现象。在引导和评价运动员身体对感知的协调是失败还是达到极限时，简短的交流才会发挥作用。

在互动层面上体育赛事经常不进行语言互动，这与身体本身在体育中被用作信息载体有关。有这样一句格言：“身体就是信息。”一名足球运动员通过短暂冲刺，占据了球场上的某个区域，然后自由奔跑，向带球的队友发出非语言信号，即让后者能准确地传球给他，以便从一个更有希望的位置进球。因此，在训练期间，获得成功所必需的身体和空间运动也应被标准化，并应以常规化的方式传授给运动员，以提高彼此身体的同步率。足球运动员为了取得成功，主要通过感知来观察和预测身体的移动和球的轨迹，并且还要使自己融入比赛时的空间和时间结构。

体育社会学不仅仅包括移动的运动员以主动的运动状态进行训练和比赛的语言和非语言交互，还包括那些与体育有关的在互动层面上建立的交往形式。体育本身在社会体育学中仅作为被观察和交流讨论的对象。在当代社会，体育不仅对参与者的直接身体执行来说很重要，而且还是重要的社交主题（Bette，1990）。因此，足球作为最受欢迎的体育项目，不只是草坪上用到脚和腿的比赛，在大众媒体的帮助下，还成了没时间或只有有限的时间踢球的人所思考和谈论的话题。日常参与者在自身的互动框架内评论各个球队的表现，比较各队的机会和局限性，抱怨他们的英雄受伤，讨论排名情况，埋怨裁判表现出的或真实或疑似的偏向或歧视，评论教练或团队阵容，并且会在情感上极大地偏向自己的国家队。因为，他们作为代表参加比赛，在欧洲或世界锦标赛上与竞争对手争夺稀缺的象征性资本——荣誉。之所以如此，是因为体育比赛的结构相对简单，并且能使人有意识地将注意力集中在观察上。基于其行动过程的机械化和结果的量化，体育构建了一个明确的、可重复的和可评论的世界，成绩在其中始终占据首要地位。大众媒体通过日常报道给人们持续提供信息和话题。因此，将体育作为对话主题的讨论仍未达到饱和。体育赛况一直持续更新，体育话题便成了开场白、让对话保持流畅的极佳方式，能让人避免陷入尴尬的冷场氛围，这种效果屡试不爽。体育与政治和宗教相反，它传达的信息对人们是无害的，甚至会主动在群体经历中引发关于体育特定可能性的争议性讨论，这在体育之外的领域很少见。

第二个研究领域与体育的组织层面有关。为了在互动层面上实现体育行为，社会系统必须塑造相应的结构，确保其行为在情境方面得以全面、长期建立，且不依赖于个人。那些位于系统类型互动和社会之间作为媒介的政府机构处在利益旋涡的中心，它们就是承载和实现系统典型行为的组织。在传统体育领域，这些组织包括体育俱乐部、国家体育协会、国际体育组织、运动员成绩中心、运动员培训基地、体育基金会或体育寄宿学校。有趣的是，体育社会学也包含那些将体育纳入自己纲领的非体育组织，如将体育融入健康系统、企业、成人教育中心、大学、军事机构或旅游公司。自 20 世纪 70 年代初，体育在德国不再只出现于传统的体育俱乐部中，还出现在了商业健身房中——这些与体育相关的经济组织也引起了社会学家的兴趣。此外，与历史悠久的体育组织相对，城市内外和其他体育实践的松散联合体中也出现了体育的“身影”。20 世纪 80 年代，联邦德国体育社会学的注意力主要集中在传统体育运动员、体育俱乐部及其所属的上级机构上。因此，体育组织的类型逐渐成了研究重点，它在组织社会学中打着“自愿联合”或“利益组织”的旗号，严格地将自身与那种在社会学中被称为“工作组织”的组织类型区分开来。

体育社会学研究的第三个分析参考点涉及社会层面。这一层面主要是关于不同体育模式中体育社会文化的外部和内部差异，还有这些模式相互之间及与社会其他领域之间的绩效关系。但问题是，体育与经济、政治、大众传媒、法律、家庭或科学等其他子系统之间始终存在利益冲突，它们如何能一直实现利益一致并保持持久稳定呢？例如，竞技体育作为一个重要的主题成为政治参与者利用的工具，这与国家政治方面的意义丧失有关。在过去几十年中，民族国家不得不将重要的任务交给超国家机构，以便结构化地维持和缓和以前通常只在竞争中联合的民族国家。基于这种发展，竞技体育同时在内外部升级为国家自我表达的重要工具。由于其可见性和易于理解性，本国运动员的成功特别适合激发大众的忠诚感和集体归属感，可以被用来解决所有现有的政治冲突问题。体育成绩，例如在奥运会上获奖或成功完成世界锦标赛等，可以使民众至少暂时走出政治失败的阴影，获得安慰。国家级运动员可以通过他们获得的成绩提高国家对外的国际声誉。回想 2006 年那场“夏日的童话”，德国取得了巨大的成功，国家足球队登场时，德国变成了旗帜的海洋，观众在街头和广场上庆祝着以前难以想象的“生命之轻”——这在世界范围内都获得了积极肯定。此外，政治家们在本国著名运动员的光环下，打算以快速、轻松和无冲突的方式向选民展示他们在权力的媒介中获得的成就。一般来说，政治家的特定系统的特定行为是在非公开的情况下，在会议室或非交流性质的谈判过程中发生的，会对社会成员造成两极化的影响，因为政治决策在社会现实中有着不同的影响。

这个例子表明，如果只关注体育运动，那么体育的社会学研究就会很局限。体育社会学家为了掌握其研究课题的复杂性，必须发展对体育以外的内容的感知，因为真实存在的体育本身已经在外部实现并持续维持着这些关系。在理解体育与其所处社会领域的事实关系之后，体育社会学必须处理这些参考点，并将它们纳入知识库。因此，体育社会学是一个从特定的角度，即通过体育来看待整个社会的学科。最终，体育社会学家会发现体育社会学本身，即作为一门学科，在社会中对体育运动进行社会学观察与描述是有所区别的。

除了以上三个参考点外，体育社会学还涵盖了一般社会学知识库中已知的研究领域。体育社会学还和体育或体育相关的社会分层和社会不平等问题有关，和体育与身体、体育与游戏之间的关系有关，和体育中或由体育引发的明显或不明显的社会化的可能性和局限性有关，还和体育与性别的关系、融合问题、犯规形式、衰老、移民或跨文化比较有关[42]。

在德国，直到20世纪70年代后半期，随着有关决定体育社会学理论的所谓“新左派”的讨论力度减弱，在当前的理论讨论中主要能找到四种研究范式，然而这些范式在处理程度方面具有很大的质和量的区别。20世纪80年代初期以来，新社会学系统理论成了社会学的主导思想流派，该理论主要由克劳斯·卡其（Klaus Cachay）、卡尔－海因里希·贝特和后来的安斯加尔·蒂尔（Ansgar Thiel）引入体育社会学，并且他们在许多专著中改进了这一理论[43]。在兴奋剂研究的背景下，贝特等（Bette，et al.，1995a，2006）通过对运动员、游戏和传记理论的分析补充和验证了有关系统理论的讨论。因此，体育社会学以一种特殊的方式获益于尼克拉斯·卢曼的理论著作，尽管卢曼只是在其著作的个别地方明确描述过体育，但是体育社会学中与系统理论有关的讨论在很大程度上受到了卢曼不同方法和理论基石的影响。赫尔穆特·维尔克（Willke，1982，1994，1995）和特伊博纳等（Teubner，et al.，1984）关于系统理论和背景控制可能性的众多著作也在体育社会学中留下了讨论的痕迹。在最初的有关系统理论反思的作品中，体育和身体还不在人们分析的范围内，20 世纪 80 年代体育社会学完成了“身体转向”（Rittner，1983，1984，1985；Bette，1987，1989，1999，2004b），这种克制才逐渐被废止。在与社会学的关系方面，体育社会学不但是一个吸纳、接受的学科，还是一个非常强大的给予的学科。

第二个理论范式是皮埃尔·布迪厄的社会学思想被引入了德国的体育社会学，引入的重点是习性概念和社会领域的理论——米歇尔·福柯（Michel Foucault）的权力和身体研究及新表现和模仿理论丰富了布迪厄这一理论。由冈特·格鲍尔和托马斯·阿克迈尔（Thomas Alkemeyer）领导的研究小组通过应用、补充和修订布迪厄的思想方法，进行了大量有关体育和身体社会学的研究，他们的出版物丰富了体育社会学的理论讨论[44]。所谓的文化研究作为第三个思想流派在体育社会学的理论领域也留下了印记。尽管这些分析与系统理论、习性概念或社会领域理论相比，阐释的细腻度和同质化程度有所不足，是不同理论的大杂烩，但许多体育特有的现象可以在它们的补充下得以阐明——如新的体育运动趋势与体育有关的媒体及基于体育标志的城市青年文化的成功和扩散。作为拥有众多研究成果的学者，体育社会学家于尔根·施维尔（Schwier，2000，2002）在这方面独具风格。在其作品中，他沿袭了受约翰·菲斯克（Fiske，1989）和伯明翰当代文化研究中心成员强烈影响的传统。菲斯克本人撰写了有关冲浪的沙滩文化和“O. J. 辛普森案”的社会学含义——辛普森是一名足球运动员，被指控犯有双重谋杀罪并被无罪释放（Winter，et al.，2001）。20 世纪 60 年代末以来，塑造体育社会学的第四个也是最古老的理论方法是诺贝特·埃利亚斯及其学生创立的文明和构型理论。莱斯特发表的研究在德国主要被当作分析体育起源和暴力社会学的切入点[45]。足球始终是人们关注的焦点：它有着动员和吸引全世界观众的能力。

# 第七章　应用领域：可能性与界限

与有组织的体育相比，科学学科通常包括两种类型的应用领域，即工程科学和自然科学。它们可以提供目标和手段之间严格的“如果—则”的耦合技术，从而直接干预体育的身体和设备领域。根据生产技术学科的实际逻辑——输入和输出一定相互耦合，因此特定的输入总是伴随着相同的输出。技术不仅可以减轻生活负担，实现一般情况下不存在的运动形式；而且它还有另一个副作用——用户不需要理解技术，这通常对用户来说有一个好处，即减轻他们在生产和使用技术科学方面的负担。例如，医生给运动员注射药品，帮助他们继续训练，而运动员无须掌握任何医学或生物化学知识。运动员借助工程科学优化过的长撬飞快地沿着冰道下滑时，他们不需要具备任何冶金或流体动力学的知识。因此，药剂、注射器和运动器材是使科学可以直接有效地作用于体育的实体。因此，技术生产的科学学科在组织体育中代表着被高度重视并决定科学形象的总体成就，即易用性、准确性和快速成功。它们降低了运动员在使用时的复杂性，可以直接应用于他们的实际需要。因此，运动员在运动时对它们有着巨大的需求，并培养了相应的能力和自我意识。金融机构对科学学科进行资助，大献殷勤，因为它们能特别成功地提升运动员的成绩，帮助他们获得奖牌。

科学学科可以持续为个人和团队体育参与者提供提升自我控

制的指导知识。后者适用于所有无法自行生产技术的专业。体育社会学不属于技术生产和实施的类别，这很容易理解。它只在指导知识的领域发挥作用，因此依赖于分析和沟通。体育在技术制品或活性细胞和器官中均未找到它的参考点；相反，它必须关注自然科学和工程科学在体育中应用和感知的东西，即社会和心理之间关系的意义和运作方式。社会学家提供交流式的解释，但这些解释也可能遇到壁垒，并且需要长期学习。个人和团体参与者也可以拒绝社会学家的建议或根据自己的相关标准重新定义某些研究结果。人们无法用注射的方式治疗参与使用兴奋剂的专业协会，也无法通过对其成员进行乳酸检测来了解奥林匹克基地面临的困难。

体育社会学家要想在体育方面发起变革，必须以语言为媒介进行交际，通过解释性的建议来呈现他们的研究结果，并以议论－演说的方式发表这些内容，即进行相应的说服性工作。在稳定的企业意识形态中，以及并非关于改变而是关于维持地位、权力和确保财政资源的社会情境中，体育社会学家经常会遇到组织上的学习壁垒。因此，对于社会环境来说，不存在科学家可以轻易用来实现从状态 A 到状态 B 的线性变化的技术。因为这不仅会导致运动参与者大规模丧失运动能力，而且还意味着我们对社会现实及其运作方式的描述是完全错误的。

体育社会学是不提供技术但提供指导知识的学科，其任务主要在于重构体育的规则、质疑运动员的日常确定性、揭露隐秘和潜在的东西、动摇知识生产的日常形式，即该学科的工作往往是不稳定的。与那些通过应用技术规则及在行为上减轻解释和使用自然法则的负担，甚至与那些通过直接干预能够建立新的、理想的身体状况的学科相比，体育社会学有不一样的、更困难的状态。体育社会学家并不提供可直接用于提高成绩的精细技术知识。他们不制造机器、不研究药丸，也不测量身体数据。作为无视道德的、有距离感和不一致视角的专家，他们必须远距离地——尽管对其观察的客观事物都有同理心——在他们想获得新的知识时展示出专业的不同态度。在这方面，他们类似于治疗师和企业顾问，不得不揭示一些问题，如揭露生活谎言和家庭秘密，或发现企业的不良发展现象。否则，社会学只是在复制人们在日常世界中已知的东西。

因此，体育社会学的一项显而易见的重要成就是，体育社会学家不希望减轻运动员的反思负担，而是通过其指导有意识地鼓励他们进行反思。由于社会学家对与某些社会期望背道而驰的主题和事实特别感兴趣，因此他们在体育及其参考群体中往往非常不受欢迎。他们会把手指放在组织体育的"伤口"上——如兴奋剂问题，并会直接说出禁忌事宜。因此，在体育协会的受欢迎程度列表中，他们并不是最靠前的。从希腊神话中，人们知道了转达坏消息或被压制的消息的人是如何被区别对待的。因此，体育社会学家分担了许多其他社会学科的工作，这些学科本应提出改变和改进体育实践的建议，但进行了大量的研究之后，却往往以失败告终。这并不意味着他们的分析从长远来看是多余的或不重要的。相反，即使社会学的研究成果通常以一种滞后、缓慢且难以观察的方式扩散到有组织的体育运动中，如通过体育相关职业的社会化或在广泛传播的媒体的帮助下将这些成果普及开来，但社会学的指导知识在某些时候对决策来说是很重要的。一些研究结果可能在几年后才会引起人们的重视，通常这些研究涉及专业协会、体育导向的参照群体——如大众媒体、政治和经济机关，或运动医学等体育相关的科学学科遇到丑闻和内部畸形发展的边缘化，以及由于束手无策而寻找外部的观察和分析（Bette，2008）。体育社会学家没有被外部的世界腐蚀，并且没有将他们对科学系统的真理准则的关注替换为诸如竞技体育的胜败规则，这些是很有好处的。与工程和自然科学相比，体育社会学家在有组织的体育运动中的需求不高，这非但无害，反而可能是有益的：相对而言，体育社会学家不依赖于直接的需求。长期来看，这可以使他们的理论感官更敏锐，而且可以研究那些没有人委托他们观察的问题领域。由于没有行动的义务，他们可以表现得漠不关心，并且在研究和报告体育的众多问题时不会受到委托人的影响。

鉴于上述发现很容易理解，因此与工程和自然科学学科相比，体育社会学和体育协会的实际相关性比预想的还低。社会学的认识显得含糊、分散、有误和有限。在提高体育成绩方面，体育社会学家不仅被认为毫无用处，甚至还会被视为是执拗、顽固的人。他们不会缓解乳酸堆积，不会注射，也不会尝试通过心理调节减少守门员在点球时的恐惧。相反，他们提供的知识往往与有组织的体育运动的利益背道而驰，因此会被体育参与者有意拒绝或至少被怀疑。他们不仅没有降低问题的复杂性，反而还使体育变得更复杂。相反，自然科学学科则传达了唯一性和直接可用性。由于自然科学学科专注于可量化的数据，因而更符合普遍接受的科学形象。自然科学客观、可信和有效的特定形象给人们留下了深刻的印象。体育运动的参与者尤其喜欢使用这种被加工和组织的知识形式，这些知识在成功和时间的压力下融入了他们的行动。但是，如果要融入社会学的认识，则需要这些知识的接受者信任这些最初看起来陌生和不可信的视角和观点。

体育社会学不能因为体育中剧烈进行的变化过程，而去承担为俱乐部和协会提供组织数据的供应商角色。这种对重要观点的排斥，最终必将在某个时刻付出巨大的代价。相反，它应该成为一种整体详细阐述现代社会背景下体育的社会复杂性的非技术性知识。这才是社会学作为一门学科应该做的事——保持一定距离，而且不试图通过迅速承诺成绩来参与其中。因此，体育社会学也应当是可以刻意激怒体育组织的学科。在这种情况下，激怒并不意味着与自以为是和学术上的自大对抗，而是要了解自己的盲点。众所周知，盲点的一个突出特点是，即使人们努力地去看也看不到。如果社会系统确实可以通过危机、丑闻和预期落空而改变，那么通过体育社会学指导而进行的体育启蒙就可以成为丑闻和危机体验的功能等价物。从社会学家那里可以听到你其实不想听的东西，可以看到你用自己的眼睛一开始看不到的东西，然而前提是你要有想要学习的心理、能力和批判思维。最重要的是，在提供这种另类知识的地方，身体和智力的存在是必要的。有组织的体育运动可以在这方面发起持久的倡议，以便参与者能够从外部系统地观察自身，但这一点到目前为止尚未引起人们的注意。曾经存在于德国体育联合会，并且社会学家也参与其中的科学委员会被解散了，因为此组织提出的建议与协会领导的利益不相符。社会学的启蒙工作者对此大为恼火。

体育社会学家在社会学中的声望也比较低，这既可以用功能分化，也可以用文明理论来解释：体育是所有不同社会功能领域中一个可有可无的量（Schimank，2001a；Bette，et al.，2006）。也就是说，一个社会即使没有体育也可以确保自身的基本再生产。如果所有体育比赛一夜之间被废除，不再举行奥运会、世界锦标赛或联赛，所有体育俱乐部和健身房都停止运作，无组织的运动不复存在，那么很多人无疑会出现严重的戒断症状。这种废除也会给休闲娱乐产业中以体育为导向的部分带来巨大的收支不平衡。但是，社会还是会继续运转下去。相比之下，经济、政治、科学、法律和教育是现代社会无法割舍的子系统。鉴于它们的异质性及其为环境提供的服务，所以这些社会领域涉及“自我替代制度”（Luhmann，1997）。如果其中出现问题，没有人会简单地放弃这些领域。如果“对系统来说很重要”的大银行面临破产，并且整个社会预计会产生多米诺效应，那么国家就会站出来，通过提供相应的担保或提供数十亿元的支持来避免整个经济体系的崩溃。与经济体系中的失业、政治制度中的政治厌恶或教育系统中的学校困境相比，体育中的特定问题——如使用兴奋剂或球迷骚乱——尽管在公众话语中被频繁讨论，但它们是可以被忽略的琐事。社会学家在不可或缺的社会领域工作，有时也会在这个领域之外引发需求，他们为了帮助分析和改善该领域的运作条件，会以不同凡响的思想方法推导出相应的知识，其自身的作用不可或缺。但是，在可有可无的或“多余”的社会领域进行研究的科学学科，经常得不到社会学家的普遍尊重。正如一个重要的观点所说的那样，正因为体育是可有可无的，因此对很多人来说它就像是现代生活这碗汤里的盐。

延续诺贝特·埃利亚斯文明理论的英国体育社会学家埃里克·邓宁（Dunning，1971a）认为，社会学家对体育和体育社会学普遍存在的蔑视是一种世俗化的新教职业道德的余波，即压抑人类的情感、文明化人类的身体和高度评价人类的工作。对于许多人来说，体育在今天仍被视为“没有灵魂”的活动，它不能改善社会现实，只致力于个人娱乐。此外，显然不少社会学家认为，由于其明确的身体指涉性，体育主要具有自然科学的相关性。他们忘记了人类的身体－有机物质基础的使用总是受社会条件的影响的。进行体育锻炼的人，都想要实现某些具体的目标。这种动机不会从天而降，而是根据社会普遍的情境定义、机会结构和利益感知而产生的。

因此，体育社会学家通常会在两方面经历被拒绝的有趣体验。首先，他们经常被体育活动的参与者视为烦人的或多余的观察者，因为体育社会学家将反思的负担和批判性的问题带入社会领域，而许多人本来就是为了减轻反思的负担、忘记自身存在的问题才进入这些领域的。其次，体育社会学家被认为是社会学界的“边缘人”，因为他们的学术研究和社会地位被视为与其研究对象——体育——相同，因此是可有可无的。体育社会学家也会产生自我怀疑，因为他们将自己的职业生涯献给了一个与休闲、放松、身体、情感、社交和思想禁欲有关的社会领域，并且被许多人贴上了“生命之轻”的标签，不具有实际存在的价值。布迪厄（Bourdieu，1992）一针见血地总结了体育社会学作为一个整体所处的尴尬境遇：“体育社会学被社会学家鄙视，也被运动员怀疑。”

皮埃尔·布迪厄对体育社会学领域恰如其分的描述只能这样被反驳：如果体育在其各种表现形式上没有保持主体化，并且在社会学上没有被严肃对待，那么现代社会就无法被恰当地理解和解释。例如，通过将观众的需求定位于对运动员的英雄崇拜，或通过观察运动在以健身为导向的生活方式中的广泛应用，人们可以了解抽象性、身体距离感、人与人的亲疏，以及社会现代化进程造成的群体性缺失。体育——作为一种新型意义的广泛应用——可以上升到民间宗教的地位，它不仅可以指向体育本身及其特点，而且还可以反过来指向人们在功能差异化过程中呈现出来的矛盾心理。体育的特点，全社会可见，从社会普遍性中提取出体育的意义是体育社会学必须持续关注的一项任务。无论如何，如果没有体育社会学的分析能力，现代社会的某些重要方面将无法被观察和描述，那对人们来说这一部分仍是陌生的。如果没有体育社会学——这一在外部观察和制度上属于体育科学的代理学科——的反思，那么体育参与者对于他们每天从事活动的行为领域也将知之甚少。体育至今尚未被大学社会学机构正式列为学术专业，也没有自己的专家进行系统研究，这是一种缺憾，不仅说明了很多大学学术政策的优先级和传统路径，而且表明了社会学机构中广泛传播的主导思想的突出之处。

许多社会学词典和入门书籍仍未将体育视为一个研究领域。在富克斯－海因里茨等（Fuchs-Heinritz，et al.，1995）的《社会学词典》中，体育完全被忽略了。克贝尔等（Kerber，et al.，1984）的《社会学手册》也显示了类似的空白。甚至在戈登·马歇尔（Marshall，1994）的《简明牛津社会学词典》中，人们哪怕想搜索与体育相关的一个词条都是徒劳的。在汉斯·乔阿斯（Joas，2001）的《社会学教科书》中，体育也并未作为社会学相关的主题出现。此外，体育由于其可见性特别适合为社会学理论和方法提供接近生活世界和合理性的东西，并使社会学研究和教学更生动，这一点也被刻意忽略了。在对体育社会学知识应用的可能性和局限性进行理智的阐述，并在最终恳求在一般社会学中多纳入对体育社会学的认识之后，我们会在最后一章介绍一些已经在体育社会学中存在了很长一段时间的危害。

# 第八章　危害

由于与体育科学存有制度联系，以及体育多元化和研究主题及理论导向逐步分化，体育社会学必须制定战略，以确保内部融合和扩大，并且捍卫对外实现的自治。近年来，人们对实用性的期望飞速增加，这使体育社会学这样一个无法生产和部署任何技术的学科处于适应和合法化的巨大压力下。一些体育社会学教授已经被转到体育经济或健康社会学的岗位，或已被完全辞退，因为体育科学机构认为这样便于广大学生更好就业。对体育社会学的功利主义态度是由两个期望渠道支撑的。有组织的体育运动——正如我们在前一章中详细阐明的那样——更喜欢那些可以直接工具化、能够用于体育特定目的的学科，理解这些学科的技术认知，并表现出相应的顺从意愿。随着体育逐渐商业化、活动化和媒体化，为了改善体育为导向的组织和机构的资源状况，不使委托人利益中断的、有经验的专业学科在体育及其领域中，与如今的体育社会学相比，可以更轻松地观察和描述体育行为，有时甚至可以预知其自身及其研究结果的学科有更大的需求。

与体育社会学相比，主要从组织体育出发并在体育科学机构提前研究的狭隘的使用预期，已通过科学的内部变化不断增强。自 20 世纪末以来，以大学为基础的科学系统在政治框架决策的基础上重新调整了对专业领域和学术职位的资助。大学援助资金不足早已众所周知，而且其管理水平也在下降，因此，基于自然科学的大致评估——人们认为只有得到第三方资助的研究才是好的研究——已成为主导的趋势，这对社会和人文学科的形象产生了严重影响。传统的社会和人文学科就算只有少量资助也可以顺利开展工作[46]。费尽心思想出的奖励、控制和评估措施如今已落实到位，这些措施确保了以前仅以出版物为基础的科学系统的声誉等级被由以输入主导的第三方精英阶层所取代。不同的内容显而易见地阻碍了精确的比较和量化，当人们不能准确地衡量科学真理产出的质量并对其进行比较分级时，至少可以确定和计算所获得的第三方资金。

然后，研究的实际目标就会迅速消失在幕后。最初作为实现目标的手段的资金，在评估科学成就方面占据了优势，并获得了取代目标的地位。这种方法—目标—取代的转变后果已经显而易见。在对第三方资金的顶礼膜拜中，原本基于学术成就出版的超额完成者如果继续遵循传统的研究和出版路径，并且放弃在自然科学和工程科学中争取非常重要的第三方资金，就会有在大学系统内面临学术成果不足的危险。有组织的体育和体育利益机构的“需求 - 拉动”的指导方向和第三方导向的大学等级制度，两者都产生了一种动力结构，如果体育社会学家和科学界的其他成员不想在大学内部的竞争中被边缘化，他们就必须从结构上被迫成为雇佣研究员和科学界的微型企业家。因此，他们中有不少人咬牙切齿地放弃了当前的研究主题，转而研究易于获取的经验数据和建议。他们用定量数据来替代技术，因为定量数据可以让他们轻松地从知识的接收方和大学等级中获得尊重和成功。数字，尤其对不熟悉数字的人来说，它代表着明确性和确定性，因为它是从人、事物和背景的特殊本质中提取出来的，是与自身相关的。最重要的是，它在正式的计算基础上创造了自己的现实。只有那些经验数据才能被赋予定量的相关性，服从于数学标准化的掌控，并可以在核算的层面上进行主体间验证。大学的最高层和委员会的人都在摩拳擦掌，因为在大学的激烈竞争中，成员和部门获得的第三方资金在很大程度上都被用于确定其学术成果的卓越或平庸。然而，仍然有人在根据现有的社会学理论和方法的巨大“数据库”进行着广泛的基础反思，他们的目的是继续推进理论建设，或为同事的经验数据注入总体意义，而组织机构却通过无视他们的工作或以撤回相应资源的方式威胁着这些人。现有理论正在失去进一步发展的动力，鉴于定量范式的结构偏好，未来第三方资金的分配预计会越来越少。尽管公众都在感叹教学水平的提高，但对于纯粹的理论工作或教科书的撰写来说，不论是德国研究基金会还是联邦体育科学研究所，都没有给予相应的资金支持。像尼克拉斯·卢曼这样的社会学理论家，放在今天将不得不向他所在的院系道歉，因为他写了三十多本备受瞩目的书籍，而且在未曾筹集第三方资金的情况下就赢得了全世界的关注。

对于对理论感兴趣的学术后继者来说，这种片面的预期所具有的吸引力格外令人怀疑，有第三方资金注入的大学等级制度和专业领域，在职业程序中展现了一个更加去理论化、针对自身商业化的传递能力，他们没有机会能够长期地参与其感兴趣的领域。因此，近年来许多体育社会学家有了务实的转变，他们用纯粹为体育界、体育协会、保险公司、商业企业、营销机构或政治当局提供的服务，取代了最初只是为了获得见解和服从于纯粹的科学内部标准而开展的研究。如果第三方资金捐助者逐渐不再来自科学界，而是来自体育、工业、政治、健康和保险业，就会给科学内部带来一些后果。在这种情况下，研究结果将普遍不再由科学同侪掌控，而是由满足研究人员知识和合法化需求的非专业人士取代。

当主体间的科学真理渗透到体育或需要体育的机构中，并且在那里被一般化，而其分析潜力被平庸化时，应用导向会导致科学知识贬值。科学理论建设最初的有效性应用在这些条件下便失去了意义。在科学知识的生产和使用环境之间会产生相当大的接触耗损，因为用户只是为自己的目的去选择可以使用的东西。应用导向的、为了获取第三方资助的学科，必须基于其自我规定的使用性回应用户的要求，并制造更多的真理，但通常只能在无视科学标准的情况下实行。语言要符合使用者的利益，必须简略或至少简化复杂的思想背景和理论前提。这样的结果便是，为了不使后续的研究失去动力，要预先适应接受者的预期。

有观察家认为，这种研究倾向于在相应合法化的修辞背后隐藏其偏离科学的标准。他大胆断言——只有“象牙塔”之外才能进行面向应用的研究。事实上，如果通过相应的激励制度促进对这种研究的理解，则不一定会产生新的主体间的真理。通常只有那些很长时间以来已知的，或者可以轻易地从定量收集的数据中推断的内容才会被重复。实际的研究过程有可能会因为夸大的应用方向而停滞，甚至受到阻碍。因此，在许多体育社会学研究中，科学观点通常只能作为微量元素出现。总体而言，如果再被发表，虚构的真相可能会挤掉主体间真理的科学媒介，这就产生了那些昨天刚撰写、今天就被抛到脑后的出版物。很明显，这种琐碎的研究长此以往为满足使用者利益而提供的服务便会非常不充分。如果前期没有投入理论工作或者建立相互关系，方法就会无效，研究者就不能再通过理论上的节制进行适当的解释。理解数字的逻辑并不足以让人理解体育中的社会事实。现今，人们可以在许多体育科学专业及体育社会学中取得成功，而无须阅读和理解母学科的经典著作。与这种表现平行的还有这样一种现象：相当多的体育社会学家，即便他们曾试图了解理论史，他们的知识还是主要来自二级和三级文献，因此他们只能获得一些研究成果和诠释，这种现象在母学科中会显得非常不可靠。

为了进一步提高大学体育社会学的研究水平和教学质量，避免其认识的贬值和通货膨胀对学科的危害，体育社会学研究者取得大学关键职位的资质至少要比以前更严格、更制度化，这一点很重要。体育社会学并非独自面对招募的问题，而是与体育科学中包含的其他学科——如体育心理学和体育教育学——共同面对，并要在其中找到学科制度化的归宿。到目前为止，所有这些学科都未能在自己的专业领域负责地建立正式的准入规则并确定其制度。因此，体育社会学的教授职位有时会由没有完成社会学学业或拥有同等成就的人来填补空缺。即使是经济学家、心理学家、教育家、数学家和哲学家也在体育社会学中有着很高的地位——与社会学关联不大的研究和教学使他们显得格外突出。想象一下，如在外科手术中采用类似宽松和无方针的招聘实践，所有的手术室将会回响病人愤怒的叫喊。不是一味地引用马克斯·韦伯或其他社会学名人的话，并且练习“引经据典”的艺术就能成为社会学家。不能放弃制定和维持严格的招聘标准，也不能取消对实质性研究和教学来说十分必要的专业内部行为标准、理论、方法论和语言形式，因为经验表明，这些东西只能通过多年的基础学习才能获得。那些只从一些体育社会学研讨会和体育社会学文献读物的视角认识社会学，以及早早就放弃继续学习母学科的人，以后将难以弥补自身在这些知识上的不足。

体育社会学中也会出现困难，特别是在处理复杂的社会学理论时，因为这些理论需要多年的深入研究才能被人们准确理解和应用。来自波鸿市的体育社会学家迪特尔·福格特（Voigt，1992）在20世纪90年代初就已经看到纯粹的体育科学社会化的体育社会学对母学科的依赖程度在不断下降，并由此推断出体育社会学家们缺乏“方法认识”“批判性方法意识”“理论参考”，也会在“假设处理”方面遇到困难：“这些不足在许多作品中都很明显。个别体育社会学研究虽然已经达到了其他社会学分支的研究水平，但是著作的出版数量明显落后。”

当与母学科的理论、方法和一般成就标准的交流割裂时，专业化虽然会受到驱动，得到进一步发展，但其事实基础将变得薄弱。如果社会学作为主要的参考量仅在语言层面被合法化，使自己的学科地位得到提升，那么这种分化会被迅速证明是一种异化。诺贝特·埃利亚斯（Elias，1970）曾恰当地描述了社会学渐进式的内部分化和专业化的问题：“今天，社会学本身在……特殊的社会学中越来越多地受到解体的威胁。”他讽刺地说：“因此，新的特殊专业的绝对自主权已达到高度专业化的理想。要塞已经完成，吊桥被拉了起来。”严格与母学科划清界限，长此以往可能会在体育社会学中出现“近亲繁殖”，并会导致参与者的认知封闭。高度量化的体育社会学分析工作将变得越来越不可能，因为这种“光荣的孤立”最终会助长这个学科的发展。

异化可以将体育社会学等社会学分支推向一个状态，这种状态是路德维希·宾斯万格（Binswanger，1956）在他对“三种失败存在的形式”的人类学分析中发现的除了“矫饰”和“怪癖”以外，被称作“异想天开”的一种存在模式，他用登山者的例子阐述了这种模式。他谈到那种参与者注定要陷入其中的、不愉快的、危及生命的情境，他们自愿放弃与脚下地面的接触，攀爬陡峭的墙壁，因为他们感觉被更高级别的东西召唤着——但是他们的能力永远无法满足自身的意愿。在那些即使没有对相应的母学科进行独立研究也可以获得学术证书和职位，或者在一个基本没有实地鉴定、并不精通理论的领导人员的科学领域中，学术意愿和能力之间的鸿沟显得非常大。在体育社会学这样的综合性学科中，情况往往是对后继者的社会化及其专业学科，以及大学工作领域的科学声誉产生相应的影响[48]。自我追求和能力之间的差距，产生了“构筑能力的高度与自身攀登能力之间的不相称”。随后，个人可能会发现自身又处于对自己来说既没有前进也没有后退的状态，这种状态不再“受其控制”（Binswanger，1956）。即使停滞不前也不能尽如人意，因为这种状态最终只会推迟自身目标的实现。异想天开的人并不能控制他所达到的高度，正如宾斯万格所形容的那样，他只是“装出来的”。异想天开是一种“容易坠落的存在形式”。帮助只能来自外部，只有这样他才能再次安全触及地面。从科学社会学的角度来看，这就是说，如果体育社会学所依赖的能力和知识基础正变得越来越小，如果人们对研究的需求变得越来越狭窄和固定，如果大学教职人员一代代不断发展出的专业与母学科的距离越来越大，那么体育社会学坠入预先设定的在学术中“无足轻重”的可能性就不再只是可能了。

异化和丧失身份的另一个危险在威胁体育社会学，因为不少大学的职能部门在指定教授职位和工作领域时，自愿且有意地放弃了体育的概念，转而使用“运动”的语义。这样一来，他们冒着有组织的体育逐渐失去某些机构的支持的风险，通过那些机构在政治和公共意见中的疏通，才得以在大学中占据一席之地。如果体育社会学不再关注俱乐部和协会中出现的问题，而是将注意力集中在传统体育之外进行的身体和运动实践上，那么它就不再能够持久地调动其存在所必需的资金资源和象征性的政治资源分配及支持服务。

为了避免这种“最坏情况”的出现，以及避免与母学科拉开距离导致知识平庸化，在社会学相关的从业者和体育社会学的学员之间建立平衡，对于体育社会学在体育科学背景下的未来发展来说是必不可少的。纯粹的社会学家经常无法参与到体育中，并且完全不了解其中的游戏、身体、竞争和情感文化；体育科研人员则往往缺乏社会学中多年的职业社会化。因此，修读双学位是合适的选择，这样能防止误导性标签的出现，也可以避免因从业者资质不足而导致体育社会学的潜在风险。到目前为止，只有少数人可以获得双重资质。这种能力的扩大有助于避免在综合性学科中经常出现的错误，即与母学科的接触在结构上受到破坏，出现自我指涉的狭隘思想，以及专业化缺陷被当作专业化优势。当在体育社会学背景下对体育关注的实际焦点导致的认知封闭并随意散布认识，只能以可笑为代价在一般的社会学中展现这些知识时，这些错误在母学科同侪监督的聚光灯下很快就会变得明显。不过，随着体育科研人员有机会在社会学和体育科学方面获得多重资质，而且个体的整体平衡不会失常，在学术研究受政治推动不断加速化、模块化，以及学习费用和科学专业人员的工资大幅降低的时代，情况似乎并不乐观。

# 注 释

[1]参见埃齐奥尼(Etzioni,1968)、贝尔(Bell,1973)、奥费(Offe,1984)、科尔曼(Coleman,1986)、克赖比希(Kreibich,1986)、贝克(Beck,1986)、明希(Münch,1991,1995)、舒尔茨(Schulze,1992)、格罗斯(Gross,1994)、里泽(Ritzer,1997)、维尔克(Wilke,1997)、卢曼(Luhmann,1997)及席曼克(Schimank,2005b)关于社会学社会诊断的研究。

[2]Ludus = 游戏;alea = 赌博/随机;mimesis = 模仿或旧的东西,排斥新研究;agon = 竞争。

[3]德国社会学协会(DGS)于1909年1月3日在柏林成立。第一届德国社会学日的活动于1910年举行。

[4]参见基泽林(Kieserling,1999)的相关研究。

[5]参见吕申(Lüschen,1975,1980),福格特等(Voigt,et al.,1993)的相关研究。

[6]玛丽亚·T. 埃里森在德国社会学家京特·吕申处获得博士学位,后来还曾在伊利诺伊大学厄巴纳-尚佩恩分校教授体育社会学。

[7]有关这篇论战文章的利弊,请参阅C. 赖特·米尔斯(Mills,1953)撰写的前言。

[8]19世纪在美国大学中开展的第一批比赛项目包括划船、棒球、田径和美式橄榄球。哈佛与耶鲁之间的第一场划船比赛于1852年举行。自1829年以来,英国牛津大学和剑桥大学每年都会在泰晤士河畔举行赛艇比赛。

1858 年,4 所美国东海岸大学举办了所谓的“大学联盟帆船赛”,1859 年就已经吸引了超过 15000 名观众(Riess,1995)。大学间的第一场棒球比赛于 1859 年与赛艇比赛同时举行。1879 年,大学棒球协会成立,随后举办了第一个“校际棒球联赛”。1873 年,不同大学之间的第一次田径运动会也在赛艇比赛的附带计划中如期举行。1875 年,10 所大学成立了“全美校际业余运动员协会”。最受欢迎的大学体育运动项目——足球,1869 年罗格斯大学和普林斯顿大学展开了第一场大学间的比赛。1876 年,在达成统一的比赛规则后,第一场校际足球冠军争夺战拉开了帷幕。

[9]参见施奈德(Schneider,1968)对清教主义与体育锻炼之间的关系进行的验证性研究。

[10]第一所德国大学式“体育学院”于 1920 年在吉森大学成立,详见吉塞尔(Gissel,2006)的相关研究。关于 20 世纪 20 年代的体育,参见贡布雷希特(Gumbrecht,2003)的分析研究。

[11]里塞在同一年(具体年份未知)以另一篇论文获得了博士学位。其第一本专著对体育运动社会学所具有的重要意义,参见皮尔茨(Pilz,1994)的研究。

[12]有关游戏类型和游戏方式的直观描述,请参阅凯卢瓦(Caillois,1958)相关研究中提供的图表。

[13]作为对罗兰·巴特的论述的补充,建议加入第五种运动形式,它最终敲定了所有前面提到的运动劳累及自行车比赛中有时会导致骨折、擦伤甚至死亡的严重问题——跌倒。行程的突然结束可能有以下诸多原因:骑手在最后阶段的群体冲刺时受到碰撞、遇到潮湿或未清理的弯道、自行车技术失灵、观众干预或因身体和精神疲惫而跌倒。此外,其他自行车手会被跌倒者阻碍,几乎没有机会刹车或回避。即使并非每次跌倒都会导致一个路段或整个路线的中断,但它也总是展现了一个车手情感世界的严重崩裂。这在残酷地提醒着参与者,自行车运动中辉煌的成功和悲惨的失败之间仅一线之差,个人努力争取的成功除了取决于自己的骑行技术外,还取决于自身无法影响的外部条件。

[14]普勒斯纳(Plessner,1967a)的论述基于其 1952 年和 1956 年发表的

短文。几年后,汉斯·林德等(Linde,et al.,1968)在研究"成绩投入与体育兴趣"之间的关系时,提出了"映像和补偿理论批判"。普勒斯纳(Plessner,1967b)在其理论论述中认为林德(Linde,1967)的经验批判无法令人信服,并举出对"个人提问"方法的反批评:"我自问,是否从如此多的溪流中,可以获得现代社会潮流的图景和反应形式。被问的人没有注意到林德对挫折感、匿名性和补偿性愿望的研究,对此我并不感到惊讶。"

[15]根据今天的认识水平,自行车的使用使女性有机会在空间上脱离男性主导的幽闭恐慌的生活关系,建立新的社会联系,并从日常家庭生活中获得由女性定义的休息时间——这种逃离和休息并非只采用抗议和反抗的形式,更多的是基于生活方式改良所许可的体育、健康、福祉和自我赋权的语义。资产阶级的女性可以更为充分地享受用自行车逃避无聊生活的机会,并能够初步消耗她们在男权社会中被禁锢的身体能量。在当时,职业活动对她们来说在很大程度上仍被禁止。与行走相比,自行车不仅提高了人们穿越空间的速度,而且令骑自行车的女性至少暂时从她们之前生活世界的空间限制和社会壁垒中解放了出来。最重要的是,它让她们得以瞥见之前已知和被允许的天地背后的样子。女性能够用自行车来证明自己的身体和心理能力,这在当时仍然被男性否认。

[16]阿诺德·施瓦辛格(Arnold Schwarzenegger)和西尔维斯特·史泰龙(Sylvester Stallone)的影视作品使壮硕的肌肉型白人男性形象得到了复兴——这是典型的应对因越南战争失败导致的人们对美国男性形象信心的丧失,应对广泛的移民潮和新式女权主义兴起的方式(Kasson,2001)。

[17]正如拉德考(Radkau,1998)所讲的那样,在战争环境下,人们神经衰弱的基本要素已经丧失了。职业和婚姻问题在《钢铁风暴》(Jünger,1920)中突然失去了意义:"一旦想到死亡,人们便学会了重视赤裸裸的生活,忘记了对许多小烦恼的焦虑。"他在《狩猎和追捕》中不再将阵地战描绘为一个大问题:"被压抑的侵略在战斗人员身上产生刺激,战争这种有组织的侵略将大部分的这种刺激从战斗人员身上移除了。"此外,根据拉德考(Radkau,1998)的说法,科学与社会的进一步发展导致了神经衰弱的下降:精神分析以神经疾病的概念形式解释了某些临床症状。20 世纪 20 年代出现了性解放。此

外,大城市体验对越来越多的社会成员来说成了日常体验。汉斯·薛利(Hans Selye)在20世纪30年代引入了压力的概念并取得了巨大成功。他将健康的("良性应激")和有害的("劣性应激")分开,并将压力定位在器官上。在德国,压力的概念最初是在20世纪50年代末期出现的,但直到1970年后才流行起来。从那以后,学者们一直在鼓励休闲、大众和健康体育,为跑步作为一种对立概念提供了重要的合法化基础。

[18]在美国,乔治·赫伯特·米德、塔尔科特·帕森斯(Talcott Parsons),欧文·戈夫曼(Erving Goffman)和罗伯特·K. 默顿(Robert K. Merton)在当时代表的是智力潜力。

[19]对于奥地利体育社会学的历史,参见诺登等(Norden, et al. ,1992)的相关研究。

[20]科克利(Coakley,1987)的相关研究描述了美国体育社会学的发展概况。关于法国体育社会学的起源,参见托马斯(Thomas,1987)的研究。

[21]参见艾希贝格(Eichberg,1973,1978,1986)的相关研究。

[22]吕申(Lücshen,1966)在《科隆社会学与社会心理学》杂志的特刊中发表了主题为"小组研究和体育团体"的第一届国际研讨会成果。阿尔伯尼科等(Albonico, et al. ,1971)出版了关于马戈林根在瑞士国际体育社会学会议的报告。

[23]当资金没有从大学或国家预算中引入研究,而是例如由德国研究小组提供时,通常会提到第三方资金。

[24]德甲联赛于1963—1964赛季开始。

[25]参见里高尔(Rigauer,1969,1979)、芬奈(Vinnai,1970,1972)、伯梅(Böhme,1971)、普罗科普(Prokop,1971)、居尔登普芬尼希(Güldenpfennig,1973,1974)的相关研究。

[26]参见邓宁等(Dunning, et al. ,1979)关于橄榄球、足球发展的历史社会学研究;对于英式足球的球迷骚乱,请参阅邓宁等(Dunning, et al. ,1988)、墨菲等(Murphy, et al. ,1990)及邓宁等(Dunning, et al. ,1992)的研究。

[27]关于自治作为现代性的文化指导思想,作为事实描述和规范性的要求,参见卢克斯(Lukes,1973)的研究。关于社会学的现代化批判观点可参见

贝特(Bette,2001)和贝特等(Bette,et al. ,1999,2006)的相关著作。

[28]朗(Wrong,1961)主要批评了20世纪50年代和60年代早期社会学理论中经常遇到的假设:“当代理论的双重答案是人‘内化了’社会规范并通过顺从其他人的‘期望’来寻求讨人喜欢的自我形象。”

[29]如克莱因(Klein,2000)所说,假定一个主体最私人的决定,即他的伴侣选择,是如何由“婚恋市场”、价值观、规范、社会化、出生地及学历揭示的行为空间共同决定的。简而言之,这个筛选过程意味着:学者通常不会与理发师结婚。

[30]恩提纳(Entine,2000)支持这种观点。参见霍伯曼(Hoberman,1998)和舍默尔(Shermer,2001)的相关分析。

[31]在观众体育和参与者体育的概念性差异中,笔者回顾了埃利亚斯等(Elias,et al. ,2003)的相关研究,但是没有引用这两位作者的内容观点。

[32]关于计划和规划的区别,参见卢曼(Luhmann,1986a,1986b,1997)的研究。关于体育的分化和胜败规则,参见席曼克(Schimank,1988)、贝特(Bette,1989,1999)、贝特等(Bette,et al. ,1995a),及施蒂希韦(Stichweh,1990)的研究。

[33]参见埃利亚斯(Elias,1983)、埃利亚斯等(Elias,et al. ,1970,1983)及邓宁(Dunning,1973)的相关研究。关于足球比赛的传播,参见艾森贝格(Eisenberg,1997)的研究。

[34]此处详见德瓦尔德(Dewald,2005)的相关研究。

[35]关于1850年至1900年交通、通信和电力(轮船、铁路、电报、大众媒体、照明、电车、摄影等)技术的发展对体育、体育记者和观众的产生的影响,请参阅美国历史学家约翰·里卡兹·贝茨(John Rickards Betts)于1953年的经典研究。

[36]关于观众对竞技体育的兴趣,此处参见贝特(Bette,1989,2004a),贝特等(Bette,et al. ,1995a,1995b,2000)的研究。关于在压力不足的社会中寻求紧张刺激,参见埃利亚斯等(Elias,1970)的研究。

[37]关于现代的接触恐惧和触觉缺失,参见魏厄(Weyh,1999)的研究。

[38]关于将这种思想形象应用于以事件为导向的观众体育,参见贝特等

(Bette,et al. ,2000)的研究。关于冒险和风险体育领域的相关内容,参见贝特(Bette,2004b)的研究。

[39]关于唯一性的悖论,参见贝特(Bette,1993,2004b)的研究。

[40]关于对象作为"(自身)行为的有形符号",参见海因茨・冯・弗尔斯特(von Foerster,1993)的研究。弗里茨・B. 西蒙(Simon,1993)在不涉及体育的情况下提到了"残酷的现实",是为了指明,在经典牛顿物理学所描述的领域中,通过该区域的某一观察者来预估现实情况是"更为简单的"。与之对应,社会规则似乎成了"更无力的现实",因为它们可以因观察者的影响而改变。

[41]参见卢曼(Luhmann,1981b)的研究。

[42]参见吕申等(Lüschen,et al. ,1981)的研究。关于最新的文献参见古古茨(Gugutzer,2005)的文学批评和里德等(Riedl,et al. ,2007)的研究。关于体育与性别之间的关系,参见哈特曼 - 特夫斯等(Hartmann-Tews,et al. ,2003)的研究。

[43]参见贝特(Bette,1984a,1984b,1987,1989,1992,1999,2004b)、贝特等(Bette,et al. ,2002)、卡其(Cachay,1978,1988)、蒂尔(Thiel,1997,2002)及卡其等(Cachay,et al. ,2000)的研究。

[44]参见阿克迈尔(Alkemeyer,1997)、阿克迈尔等(Alkemeyer,et al. ,2003)、格鲍尔等(Gebauer,et al. ,2004,2006)、施密特(Schrnidt,2002)的研究。

[45]参见皮尔茨(Pilz,1982)、哈恩等(Hahn,et al. ,1988)的研究。

[46]关于大学图景的结构性变迁,参见慕希(Münch,2007,2009)的研究。关于控制要求的爆炸式传播和源于经济的"审计"程序的仪式,参见鲍尔斯(Powers,1997)的研究。

[47]关于应用导向的体育研究中真理媒介的通货膨胀,参见贝特(Bette,1991)、卢曼(Luhmann,1990)的研究。

[48]关于卢曼分化理论的误读和平庸化,参见贝恩德・舒尔茨(Schulze,2005)的研究。此处参见贝特的书评(2007b)。

# 参考资料


Albonico, Rolf/Katherina Pfister-Binz (Hg.) (1971): *Soziologie des Sports. Theoretische und methodische Grundlagen.* Basel: Birkhäuser.

Alkemeyer, Thomas (1997): "Sport als Mimesis von Gesellschaft: Zur Aufführung des Sozialen im symbolischen Raum des Sports". *In: Zeitschrift für Semiotik*, 19. Jg., Heft 4, 365 – 395.

Alkemeyer, Thomas/Bernhardt Boschert/Robert Schmidt/Gunter Gebauer (Hg.) (2003): *Aufs Spiel gesetzte Körper. Aufführungen des Sozialen in Sport und Populärer Kultur.* Konstanz: UVK.

Allison, Maria T. (1982): "Basketball-wie ihn die Anglo-Amerikaner verstehen und die Navajo ihn spielen. Ein kulturspezifischer Zugang zur Sportsozialisation". In: Peter Becker (Hg.), *Sport und Sozialisation.* Reinbek bei Hamburg: Rowohlt, 115 – 134.

Allison, Maria T. (1995): "Breaking Boundaries and Barriers: Future Directions in Cross-Cultural Research". In: Karl-Heinrich Bette und Alfred Rütten (Hg.), *International Sociology of Sport: Contemporary Issues. Festschrift in Honor of Günther Lüschen.* Stuttgart: Naglschmid, 45 – 60.

Anderson, Benedict (1983): *Imagined Communities. Reflections on the Origin and Spread of Nationalism.* London: Verso.

Ashby, W. Ross (1956): *An Introduction to Cybernetics.* London: Chapman & Hall.

Avedon, Elliott M. / Brian Sutton-Smith (1971): *The Study of Games.* New York u.

a. : John Wiley and Sons.

Barthes, Roland (1957): *Mythologies.* Paris: Édition du Seuil.

Beard, George M. (1869): "Neurasthenia, or Nervous Exhaustion". In: *Boston Medical and Surgical Journal*, Heft 3, 217 – 221.

Beard, George M. (1880): *A Practical Treatise on Nervous Exhaustion (Neurasthenia): Its Symptoms, Nature, Sequences, Treatment.* New York: W. Wood.

Beard, George M. (1881): *American Nervousness: Its Causes and Consequences.* New York: Putnam.

Beck, Ulrich (1986): *Risikogesellschaft. Auf dem Weg in eine andere Moderne.* Frankfurt a. M.: Suhrkamp.

Beck, Ulrich/Elisabeth Beck-Gernsheim (1994): "Individualisierung in modernen Gesellschaften". In: dies. (Hg.), *Riskante Freiheiten.* Frankfurt a. M.: Suhrkamp, 10 – 39.

Bell, Daniel (1973): *The Coming of Post-Industrial Society. A Venture in Social Forecasting.* New York: Alfred A. Knopf.

Bertz, Eduard (1900): *Philosophie des Fahrrads.* Dresden und Leipzig: Carl Reißner Verlag.

Bette, Karl-Heinrich (1984a): *Strukturelle Aspekte des Hochleistungssports in der Bundesrepublik. Ansätze für eine System-Umwelt-Theorie des Hochleistungssports.* Sankt Augustin: Verlag Hans Richarz.

Bette, Karl-Heinrich (1984b): *Die Trainerrolle im Hochleistungssport. System – und rollentheoretische Überlegungen zur Sozialfigur des Trainers.* Sankt Augustin: Hans Richarz.

Bette, Karl-Heinrich (1987): "Wo ist der Körper?" In: Dirk Baecker/ Jürgen Markowitz/Rudolf Stichweh/Hartmann Tyrell/ Helmut Willke (Hg.), *Theorie als Passion. Niklas Luhmann zum 60. Geburtstag.* Frankfurt a. M.: Suhrkamp, 600 – 628.

Bette, Karl-Heinrich (1989): *Körperspuren. Zur Semantik und Paradoxie moderner Körperlichkeit.* Berlin und New York: de Gruyter, 2. erweiterte Auflage.

Bielefeld: transcript 2005.

Bette, Karl-Heinrich (1990): "Sport als Thema geselliger Konversation. Zur Choreographie mikrosozialer Situationen". In: Willi Kleine/Wolfgang Fritsche (Hg.), *Sport und Geselligkeit*. Aachen: Meyer & Meyer, 61 – 80.

Bette, Karl-Heinrich (1991): "Wissenschaftliche Sportberatung. Probleme der Anwendung und Anwendung als Problem". In: Martin Bührle/Michael Schurr (Hg.), *Leistungssport: Herausforderung für die Sportwissenschaft*. Schorndorf: Hofmann, 67 – 82.

Bette, Karl-Heinrich (1992): *Theorie als Herausforderung. Beiträge zur Systemtheoretischen Reflexion der Sportwissenschaft*. Aachen: Meyer & Meyer.

Bette, Karl-Heinrich (1993): "Sport und Individualisierung". In: *Spectrum der Sportwissenschaft*, 5. Jg., Heft 1, 34 – 55.

Bette, Karl-Heinrich (1997): "Asphaltkultur. Zur Versportlichung und Festivalisierung urbaner Räume". In: Hans-Jürgen Hohm (Hg.), *Straße und Straßenkultur. Interdisziplinäre Beobachtungen eines öffentlichen Sozialraumes in der fortgeschrittenen Moderne*. Konstanz: Universitätsverlag, 305 – 330.

Bette, Karl-Heinrich (1999): *Systemtheorie und Sport*. Frankfurt a. M.: Suhrkamp.

Bette, Karl-Heinrich (2001): "Kollektive Personalisierung. Strukturelle Defizite im Dopingdiskurs". In: Helmut Digel (Hg.), *Spitzensport: Chancen und Probleme*. Schorndorf: Hofmann, 26 – 42.

Bette, Karl-Heinrich (2004a): "Sportbegeisterung und Gesellschaft". In: Carsten Kruse/Ilka Lüsebrink (Hg.), "*Schneller, höher, weiter?*" *Sportpädagogische Theoriebildung auf dem Prüfstand*. Sankt Augustin: Academia Verlag, 46 – 78.

Bette, Karl-Heinrich (2004b): *X-treme. Zur Soziologie des Abenteuer-und Risikosports*. Bielefeld: transcript.

Bette, Karl-Heinrich (2007a): "Sporthelden. Zur Soziologie sozialer Prominenz". In: *Sport und Gesellschaft*, 4. Jg., Heft 3, 243 – 264.

Bette, Karl-Heinrich (2007b): "Buchbesprechung von: Bernd Schulze, 2005: Sportarten als soziale Systeme. Ansätze einer Systemtheorie der Sportarten am Beispiel des Fußballs. Münster: Waxmann". In: *Sport und Gesellschaft*, 4. Jg., Heft 2, 199 – 205.

Bette, Karl-Heinrich (2008): "Doping im Leistungssport-zwischen individueller Verantwortung und kollektiver Schuld". In: *Deutsche Zeitschrift für Sportmedizin*, 59. Jg., Heft 1, 5 – 11.

Bette, Karl-Heinrich/Friedhelm Neidhardt (1985): *Förderungseinrichtungen im Hochleistungssport. Strukturen und Probleme.* Schorndorf: Hofmann.

Bette, Karl-Heinrich/Uwe Schimank (1995a): *Doping im Hochleistungssport. Anpassung durch Abweichung.* Frankfurt a. M.: Suhrkamp, erweiterte Neuauflage 2006.

Bette, Karl-Heinrich/Uwe Schimank (1995b): "Zuschauerinteressen am Spitzensport: Teilsystemische Modernisierung des gesamtgesellschaftlich Verdrängten". In: Jochen Hinsching/ Frederik Borkenhagen (Hg.), *Modernisierung und Sport.* Sankt Augustin: Academia Verlag, 181 – 191.

Bette, Karl-Heinrich/Uwe Schimank (1999): "Eigendynamiken der Abweichung. Doping und Terrorismus im Vergleich". In: Jürgen Gerhards/Ronald Hitzler (Hg.), *Eigenwilligkeit und Rationalität sozialer Prozesse.* Opladen: Westdeutscher Verlag, 316 – 335.

Bette, Karl-Heinrich/Uwe Schimank (2000): "Sportevents: eine Verschränkung von 'erster' und 'zweiter Moderne'". In: Winfried Gebhardt/Ronald Hitzler/Michaela Pfadenhauer (Hg.), *Events. Soziologie des Außergewöhnlichen.* Opladen: Leske + Budrich, 307 – 323.

Bette, Karl-Heinrich/Uwe Schimank (2006): *Die Dopingfalle. Soziologische Betrachtungen.* Bielefeld: transcript Verlag.

Bette, Karl-Heinrich/Uwe Schimank/Ulrike Weber/Dominik Wahlig (2002): *Biographische Verlaufsfiguren im Leistungssport. Dopingprävention im Jugendalter.* Köln: Sport und Buch.

Betts, John Rickards (1953): "The Technological Revolution and the Rise of Sport, 1850—1900". In: *Missisipi Valley Historical Review*, XL, 231 - 256 (wiederabgedruckt in: John W. Loy, Jr./ Gerald S. Kenyon [Hg.] [1969]: Sport, Culture, and Society. A Reader on the Sociology of Sport. London: The Macmillan Company, 145 - 166).

Binswanger, Ludwig (1956): *Ausgewählte Werke. Band* 1: *Formen missglückten Daseins.* Herausgegeben von Max Herzog. Heidelberg: Asanger Verlag 1992.

Bogeng, Gustav Adolf Erich (Hg.) (1926): *Geschichte des Sports aller Völker und Zeiten.* Leipzig: E. A. Seemann.

Böhme, Jac - Olaf/Jürgen Gadow/Jürn Jensen/Gertrud Pfister (Hg.) (1971): *Sport im Spötkapitalismus. Zur Kritik der gesellschaftlichen Funktionen des Sports in der BRD.* Frankfurt a. M: Limpert.

Bourdieu, Pierre (1978): "Sport and Social Class". In: *Social Science Information*, 17. Jg., Heft 6, 819 - 840.

Bourdieu, Pierre (1985): "Historische und soziale Voraussetzungen modernen Sports". In: *Merkur*, 39. Jg., Heft 7, 575 - 590.

Bourdieu, Pierre (1992): "Programm für eine Soziologie des Sports". In: ders., *Rede und Antwort.* Frankfurt a. M.: Suhrkamp, 193 - 207 (erstmals Paris: Les Éditions de Minuit 1987).

Bourdieu, Pierre (1993): Soziologische Fragen. Frankfurt a. M.: Suhrkamp (erstmals Paris: Les Éditions de Minuit 1980).

Bourdieu, Pierre (1996): "Wie kann den Olympischen Spielen ihre internationalistische Bedeutung wiedergegeben werden?" In: Gunter Gebauer (Hg.), *Olympische Spiele - die andere Utopie der Moderne. Olympia zwischen Kult und Droge.* Frankfurt a. M.: Suhrkamp, 270 - 275.

Bourdieu, Pierre (1998): *Über das Fernsehen.* Frankfurt a. M.: Suhrkamp.

Buytendijk, Frederik Jacobus Johannes (1933): *Wesen und Sinn des Spiels. Das Spielen des Menschen und der Tiere als Erscheinungsform der Lebenstriebe.* Berlin: Kurt Wolff Verlag/Der Neue Geist Verlag.

Cachay, Klaus (1978): *Sportspiel und Sozialisation.* Schorndorf: Hofmann.

Cachay, Klaus (1988): *Sport und Gesellschaft. Zur Ausdifferenzierung einer Funktion und ihrer Folgen.* Schorndorf: Hofmann.

Cachay, Klaus/Ansgar Thiel (2000): *Soziologie des Sports. Zur Ausdifferenzierung und Entwicklungsdynamik des Sports der modernen Gesellschaft.* Weinheim und München: Juventa.

Caillois, Roger (1958): *Les jeux et les gens. Le Masque et le Vertige.* Paris: Gallimard (zitiert nach der deutschen Ausgabe: Die Spiele und die Menschen. Maske und Rausch. Frankfurt a. M.; Berlin; Wien: Ullstein 1982).

Catlin, George (1841): *Letters and Notes on the Manners, Customs, and Conditions of the North American Indians.* 2 Bände. London: Egyptian Hall, Piccadilly.

Coakley, Jay (1987): "Sociology of Sport in the United States". In: *International Review for the Sociology of Sport*, 22. Jg., Heft 1, 63 – 79.

Coleman, James S. (1986): *Die asymmetrische Gesellschaft. Vom Aufwachsen mit unpersönlichen Systemen.* Weinheim, Basel: Beltz (erstmals 1982).

Conover, Adele (1997): "Little Brother of War: Lacrosse Sticks were Tools of the Trade in a Rugged Indian Game". In: *Smithsonian*, 28/9, 32 – 34.

Dahrendorf, Ralf (1958): *Homo Sociologicus. Ein Versuch zur Geschichte, Bedeutung und Kritik der Kategorie der sozialen Rolle.* Köln und Opladen: Westdeutscher Verlag, 11. Auflage 1972.

Dewald, Peter (2005): *Baseball als heiliges Symbol. Über die rituelle Inszenierung amerikanischer Besonderheit.* Aachen: Meyer & Meyer.

Dreitzel, Hans-Peter (1968): *Die gesellschaftlichen Leiden und das Leiden an der Gesellschaft: eine Pathologie des Alltagslebens.* Stuttgart: Enke.

Dumazedier, Joffre (1960a): *Vers la Civilisation du Loisir.* Paris: Les Éditions du Seuil.

Dumazedier, Joffre (1960b): Current problems of the sociology of leisure. In: *International Social Science Journal*, Jg. XII, Heft 4, 522 – 531.

Dumazedier, Joffre (1963): "Contenue culturel du loisir ouvrier dans six villes d'Europe". In: *Revue Français de Sociologie*, 4. Jg., Heft 1, 12 – 21.

Dunning, Eric (1971a): "Some Conceptual Dilemmas in the Sociology of Sport". In: Rolf Albonico/Katharina Pfister – Binz (Hg.), *Soziologie des Sports. Theoretische und methodologische Grundlagen. Referate des 10. Magglinger Symposiums, durchgeführt vom 7. – 13. September 1969*. Basel: Birkhäuser Verlag, 34 – 47.

Dunning, Eric (Hg.) (1971b): *The Sociology of Sport: a Selection of Readings.* London: Cass.

Dunning, Eric (1973): "The Structural-Functional Properties of Folk-Games and Modern Sports". In: *Sportwissenschaft*, 3. Jg., Heft 3, 215 – 232.

Dunning, Eric/Kenneth Sheard (1979): *Barbarians, Gentlemen and Players. A Sociological Study of the Development of Rugby Football.* Oxford: Martin Robertson & Co.

Dunning, Eric/Patrick Murphy/John Williams (1988): *The Roots of Football Hooliganism. An Historical and Sociological Study.* London und New York: Routledge & Kegan Paul.

Dunning, Eric/Chris Rojek (Hg.) (1992): *Sport and Leisure in the Civilizing Process.* Houndmills, Basingstoke und London: Macmillan.

Durkheim, Émile (1885): *Die Regeln der soziologischen Methode.* Darmstadt und Neuwied: Luchterhand 1976.

Durkheim, Émile (1893): *De la division du travail social: Étude sur l'organisation des sociétes superieures.* Paris: Félix Arcan.

Eichberg, Henning (1973): *Der Weg des Sports in die industrielle Zivilisation.* Baden-Baden: Nomos.

Eichberg, Henning (1978): *Leistung, Spannung, Geschwindigkeit.* Stuttgart: Klett.

Eichberg, Henning (1986): *Die Veränderung des Sports ist gesellschaftlich.* Münster: LIT Verlag.

Eisenberg, Christiane (1997) (Hg.): *Fußball, soccer, calcio: ein englischer Sport auf seinem Weg um die Welt.* München: Deutscher Taschenbuch Verlag.

Elias, Norbert (1939): *Über den Prozeß der Zivilisation. Soziogenetische und psy-*

*chogenetische Untersuchungen.* 2 Bände. Frankfurt a. M. : Suhrkamp, 5. Auflage 1978.

Elias, Norbert(1970): *Was ist Soziologie?* München: Juventa, 7. Auflage 1993.

Elias, Norbert(1983): "Die Genese des Sports als soziologisches Problem". In: Norbert Elias/Eric Dunning, *Sport im Zivilisationsprozeß.* Münster: LIT Verlag, 9 – 46.

Elias, Norbert/Eric Dunning(1970): "The Quest for Excitement in Unexciting Societies". In: Günther Lüschen(Hg.), *The Cross-Cultural Analysis of Sport and Games.* Champaign, Illinois, 31 – 51.

Elias, Norbert/Eric Dunning(1983): *Sport im Zivilisationsprozeß. Studien zur Figurationssoziologie.* Münster: LIT Verlag.

Elias, Norbert/Eric Dunning(2003): *Sport und Spannung im Prozeß der Zivilisation.* Frankfurt a. M. : Suhrkamp.

Entine, Jon(2000): *Taboo: Why Black Athletes Dominate Sports and Why We're Afraid to Talk About it.* New York: Public affairs.

Etzioni, Amitai(1968): *The Active Society.* Glencoe: The Free Press.

Fendrich, Anton(1914): *Der Sport, der Mensch und der Sportsmensch.* Stuttgart: Franck'sche Verlagshandlung.

Fischer, Nanda (1999): *Sport als Literatur. Traumhelden, Sportgirls und Geschlechterspiele.* Eching: F & B Verlag.

Fiske, John(1989): *Understanding Popular Culture.* Boston: Unwin Hyman.

Flam, Helena (2002): *Soziologie der Emotionen-Eine Einführung.* Konstanz: UVK/UTB.

Fleig, Anne(2008): *Körperkultur und Moderne. Robert Musils Ästhetik des Sports.* Berlin: de Gruyter.

Franz, Peter(1986): "Der 'constrained-choice'-Ansatz als gemeinsamer Nenner individualistischer Ansätze in der Soziologie". In: *Kölner Zeitschrift für Soziologie und Sozialpsychologie*, 38. Jg., 32 – 54.

Fuchs-Heinritz, Werner/Rüdiger Lautmann/Otthein Rammstedt/ Hanns Wienold

(Hg.)(1995): *Lexikon zur Soziologie*. Opladen: Westdeutscher Verlag.

Gebauer, Gunter(1984): "Hand und Gewißheit". In: Dietmar Kamper/Christoph Wulf (Hg.), *Das Schwinden der Sinne*. Frankfurt a. M.: Suhrkamp, 234 – 260.

Gebauer, Gunter/Thomas Alkemeyer/Bernhard Boschert/Uwe Flick/Robert Schmidt(2004): *Treue zum Stil. Die aufgeführte Gesellschaft*. Bielefeld: transcript.

Gebauer, Gunter/Stefan Poser/Robert Schmidt/Martin Stern (Hg.) (2006): *Kalkuliertes Risiko. Technik, Spiel und Sport*. Frankfurt a. M. und New York: Campus.

Gehlen, Arnold (1957): *Die Seele im technischen Zeitalter. Sozialpsychologische Probleme in der industriellen Gesellschaft*. Reinbek bei Hamburg: Rowohlt.

Gieseler, Karlheinz(1980): "Das freie Spiel der Kräfte". In: Rolf Andresen/Heinz Fallak/Karlheinz Gieseler/Harald Pieper/ Stephan Starischka (Hg.), *Schneller, Höher, Stärker… Chancen und Risiken im Leistungssport*. Niedernhausen: Schors Verlag, 23 – 43.

Gissel, Norbert (2006): "Walter Werner: Ein Institut für Körperkultur an der Universität Gießen(1921)". In: Jürgen Court/ Eckhard Meinberg(Hg.), *Klassiker und Wegbereiter der Sportwissenschaft*. Stuttgart: Kohlhammer, 105 – 111.

Göbel, Markus/Johannes F. K. Schmidt (1998): "Inklusion/Exklusion: Karriere, Probleme und Differenzierungen eines systemtheoretischen Begriffspaars". In: *Soziale Systeme*, 4. Jg., Heft 1, 87 – 118.

Görtz, Franz Josef(1996): "'Dichter, übt euch im Weitsprung'. Sport und Literatur im 20. Jahrhundert". In: Hans Sarkowicz(Hg.), *Schneller, höher, Weiter. Eine Geschichte des Sports*. Frankfurt a. M.: Insel Verlag, 342 – 355.

Goffman, Erving(1961): *Encounters. Two Studies in the Sociology of Interaction*. Indianapolis: The Bobbs-Merrill Company.

Goffman, Erving(1967): *Interaction Ritual. Essays on Face-to-Face Behavior*. Garden

City und New York: Anchor Books, Doubleday & Company, 5. Auflage der deutschen Ausgabe: Interaktionsrituale. Über Verhalten in direkter Kommunikation. Frankfurt a. M.: Suhrkamp 1999.

Gross, Peter (1994): *Die Multioptionsgesellschaft.* Frankfurt a. M.: Suhrkamp.

Gugutzer, Robert (2005): "Und sie bewegt sich doch! Neue Impulse für und durch die Soziologie des Sports". In: *Soziologische Revue*, 28. Jg., 109 – 119.

Gumbrecht, Hans Ulrich (2003): 1926. *Ein Jahr am Rand der Zeit.* Frankfurt a. M.: Suhrkamp.

Güldenpfennig, Sven (1973): *Grenzen bürgerlicher Sportpädagogik.* Köln: Pahl-Rugenstein.

Güldenpfennig, Sven (1974): "Erweiterte Reproduktion der Arbeitskraft". In: Sven Güldenpfennig/Walter Volpert/Peter Weinberg (Hg.), *Sensomotorisches Lernen und Sport als Reproduktion der Arbeitskraft.* Köln: Pahl-Rugenstein, 11 – 59.

Habermas, Jürgen (1958): "Soziologische Notizen zum Verhältnis von Arbeit und Freizeit". In: Gerhard Funke (Hg.), *Konkrete Vernunft. Festschrift für Erich Rothacker.* Bonn: Athenäum, 219 – 231.

Habermas, Jürgen (1967): "Soziologische Notizen zum Verhältnis von Arbeit und Freizeit". In: Helmuth Plessner/Hans Eberhard Bock/Ommo Grupe (Hg.), *Sport und Leibeserziehung.* München: Piper, 28 – 46.

Hahn, Erwin/Gunter A. Pilz/Hans J. Stollenwerk/Kurt Weis (1988): *Fanverhalten, Massenmedien und Gewalt im Sport.* Schorndorf: Hofmann.

Hammer, Fritz (1933): *Der Massensport. Versuch einer soziologischen Analyse seiner Bedingungen und Erscheinungsweise.* Heidelberg: Carl Winter.

Hammerich, Kurt/Klaus Heinemann (Hg.) (1975): *Texte zur Soziologie des Sports. Sammlung fremdsprachiger Beiträge.* Schorndorf: Hofmann.

Hartmann-Tews, Ilse/Gertrud Pfister (Hg.) (2003): *Sport and Women. Social issues in international perspective.* London und New York: Routledge.

Heinemann, Klaus (1980): *Einführung in die Soziologie des Sports.* Schorndorf:

Hofmann.

Heinemann, Klaus (1989): "The Situation of Sport Sociology in the Federal Republic of Germany". In: *International Review for the Sociology of Sport*, 24. Jg., Heft 1, 65 – 80.

Henderson, Rebecca M. (1992): "Technological Change and the Management of Architectural Knowledge". In: Thomas Kochan/Michael Useem (Hg.), *Transforming Organizations*. New York und Oxford: Oxford University Press, 118 – 131.

Hitzler, Ronald (1992): "Der Goffmensch: Überlegungen zu einer dramatologischen Anthropologie". In: *Soziale Welt*, 43. Jg., Heft 4, 449 – 461.

Hoberman, John (1998): *Darwin's Athletes: How Sports has Damaged Black America and Preserved the Myth of Race*. New York: Houghton Mifflin.

Hopf, Wilhelm (1979): *Kritik der Sportsoziologie. Zu den theoretischen Differenzen der Sportsoziologen und den praktischen Beziehungen von Sport und Gesellschaft*. Lollar/Lahn: Achenbach.

Hortleder, Gert (1978): *Sport in der nachindustriellen Gesellschaft. Eine Einführung in die Sportsoziologie*. Frankfurt a. M.: Suhrkamp.

Howard, George Elliot (1912): "Social Psychology of the Spectator". In: *The American Journal of Sociology*, 18. Jg., 33 – 50.

Huizinga, Johan (2006): *Homo ludens. Vom Ursprung der Kultur im Spiel*. Reinbek bei Hamburg: Rowohlt (erstmals Amsterdam: Pantheon 1938).

Hutter, Michael/Gunther Teubner (1994): "Der Gesellschaft fette Beute. Homo juridicus und Homo oeconomicus als kommunikationserhaltende Fiktionen". In: Peter Fuchs/Andreas Göbel (Hg.), *Der Mensch – das Medium der Gesellschaft?* Frankfurt a. M.: Suhrkamp, 110 – 145.

Joas, Hans (Hg.) (2001): *Lehrbuch der Soziologie*. Frankfurt und New York: Campus.

Jones, Edward E./Richard E. Nisbett (1971): "The Actor and the Observer: Divergent Perceptions of the Causes of Behavior". In: Edward E. Jones/Richard E. Nisbett, et al. (Hg.), *Attribution: Perceiving the Causes of Behaviour.* Morristown, NY: General Learning Press, 79 – 94.

Jünger, Ernst (1920): *In Stahlgewittern.* Stuttgart: Klett-Cotta. 29. Auflage 1985.

Kasson, John F. (2001): *Houdini, Tarzan and the Perfect Man. The white male body and the challenge of modernity in America.* New York: Hill and Wang.

Kenyon, Gerald S. (1966): "A Sociology of Sport: On Becoming a Sub-Disziplin". Paper presented at the History and Philosophy Section, AAHPER National Convention, Chicago, March, 18.

Kerber, Harald/Arnold Schmieder (Hg.) (1984): *Handbuch Soziologie. Zur Theorie und Praxis sozialer Beziehungen.* Reinbek bei Hamburg: Rowohlt.

Kieserling, André (1999): "Die Selbstbeschreibung der Soziologie". In: *Soziale Welt*, 50. Jg., Heft 4, 395 – 412.

Klein, Michael (Hg.) (1984): *Sport und Körper.* Reinbek bei Hamburg: Rowohlt.

Klein, Thomas (2000): "Gelegenheit macht Liebe". In: *Universitas*, 55. Jg., Heft 649, 633 – 642.

Klima, Rolf (1979): "Die Entwicklung der soziologischen Lehre an den westdeutschen Universitäten 1950—1975". In: Günther Lüschen (Hg.), *Deutsche Soziologie seit* 1945. Sonderheft 21 der Kölner Zeitschrift für Soziologie und Sozialpsychologie. Opladen: Westdeutscher Verlag, 221 – 256.

Kloeren, Maria (1935): *Sport und Rekord. Kultursoziologische Untersuchungen zum England des sechzehnten bis achtzehnten Jahrhunderts.* Münster: LIT Verlag 1985.

Krafft, Ernst (1925): *Vom Kampfrekord zum Massensport. Umrisse einer Geschichte des Sports.* Berlin: I. H. W. Dietz Nachfolger.

Kreibich, Rolf (1986): *Die Wissenschaftsgesellschaft. Von Galilei zur High-Tech-Revolution.* Frankfurt a. M: Suhrkamp.

Latten, Willy (1934): "Die Bürokratisierung im Sport". In: *Kölner Vierteljahreshefte für Soziologie*, 12. Jg., 297 – 304.

Le Breton, David (1991): *Passions du Risque.* Paris: Éditions Métailié, deutsche

Ausgabe: Le Breton, David(1995): Lust am Risiko. Frankfurt a. M.: dipa – Verlag.

Lenk, Hans(1964): *Werte, Ziele, Wirklichkeit der modernen Olympischen Spiele.* Schorndorf: Hofmann.

Lenk, Hans(1969): "Top performance despite internal conflict: an antithesis to a functional proposition". In: John W. Loy/Gerald S. Kenyon(Hg.), *Sport, Culture, and Society.* London: The Macmillan Company, 392 – 397.

Lepsius, M. Rainer(1979): "Die Entwicklung der Soziologie nach dem Zweiten Weltkrieg 1945 bis 1967". In: Günther Lüschen(Hg.), *Deutsche Soziologie seit* 1945. Sonderheft 21 der Kölner Zeitschrift für Soziologie und Sozialpsychologie. Opladen: Westdeutscher Verlag, 25 – 70.

Linde, Hans(1967): "Zur Soziologie des Sports. Versuch einer empirischen Kritik soziologischer Theoreme". In: Helmuth Plessner/Hans Eberhard Bock/Ommo Grupe(Hg.), *Sport und Leibeserziehung.* München: Piper, 103 – 120, 4. Auflage 1975.

Linde, Hans/Klaus Heinemann(1968): *Leistungsengagement und Sportinteresse. Eine empirische Studie zur Stellung des Sports im betrieblichen und schulischen Leistungsumfeld.* Schorndorf: Hofmann.

Loy, John W./Gerald S. Kenyon(1969): *Sport, Culture, and Society. A Reader on the Sociology of Sport.* London: The Macmillan Company.

Lüschen, Günther(1959): *Die Lebenslage der Turnfestjugend und ihre Stellung in der Gesellschaft.* Dissertation Graz.

Lüschen, Günther(1960): "Prolegomena zu einer Soziologie des Sports". In: *Kölner Zeitschrift für Soziologie und Sozialpsychologie*, 12. Jg., Heft 3, 505 – 515.

Lüschen, Günther(1963): "Soziale Schichtung und soziale Mobilität bei jungen Sportlern". In: *Kölner Zeitschrift für Soziologie und Sozialpsychologie*, 15. Jg., Heft 1, 74 – 93.

Lüschen, Günther(Hg.)(1966): *Kleingruppenforschung und Gruppe im Sport.*

Sonderheft 10 der Kölner Zeitschrift für Soziologie und Sozialpsychologie. Köln und Opladen: Westdeutscher Verlag.

Lüschen, Günther (1975): "The Development and Scope of a Sociology of Sports". In: *American Correctional Therapy*, 29. Jg., Heft 2, Sonderdruck ohne Seitenangabe.

Lüschen, Günther (1980): "Sociology of Sport: Development, Present State, and Prospects". In: *Annual Reviews of Sociology*, 6. Jg., 315 – 347.

Lüschen, Günther (Hg.) (1998): *Das Moralische in der Soziologie.* Opladen: Westdeutscher Verlag.

Lüschen, Günther/Kurt Weis (Hg.) (1976): *Die Soziologie des Sports.* Darmstadt und Neuwied: Luchterhand.

Lüschen, Günther/George H. Sage (Hg.) (1981): *Handbook of Social Science of Sport (with an international classified bibliography)*. Champaign, IL: Stipes Publishing Company.

Luhmann, Niklas (1964): *Funktion und Folgen formaler Organisation.* Berlin: Duncker & Humblot, 3. Auflage 1976.

Luhmann, Niklas (1967): "Soziologische Aufklärung". In: *Soziale Welt*, 18. Jg., Heft 2/3, 97 – 123.

Luhmann, Niklas (1971): "Moderne Systemtheorien als Form gesamtgesellschaftlicher Analyse". In: Jürgen Habermas/Niklas Luhmann, *Theorie der Gesellschaft oder Sozialtechnologie-Was leistet die Systemforschung?* Frankfurt a. M.: Suhrkamp, 7 – 23 (Vortrag auf dem 16. Deutschen Soziologentag. Frankfurt a. M. 1968).

Luhmann, Niklas (1975): "Interaktion, Organisation, Gesellschaft". In: ders., *Soziologische Aufklärung Bd.* 2. Opladen: Westdeutscher Verlag, 9 – 20.

Luhmann, Niklas (1981a): "Unverständliche Wissenschaft: Probleme einer theorieeigenen Sprache". In: ders., *Soziologische Aufklärung Band* 3. Opladen: Westdeutscher Verlag, 170 – 177.

Luhmann, Niklas (1981b): "Die Unwahrscheinlichkeit der Kommunikation". In:

*ders.*, *Soziologische Aufklärung Bd.* 3. Opladen: Westdeutscher Verlag, 25 – 34.

Luhmann, Niklas (1984): *Soziale Systeme. Grundriß einer allgemeinen Theorie.* Frankfurt a. M: Suhrkamp.

Luhmann, Niklas (1986a): "'Distinctions directrices'. Über Codierung von Semantiken und Systemen". In: Friedhelm Neidhardt, et al. (Hg.), *Kultur und Gesellschaft.* Sonderheft 27 der Kölner Zeitschrift für Soziologie und Sozialpsychologie. Opladen: Westdeutscher Verlag, 145 – 161.

Luhmann, Niklas (1986b): "Codierung und Programmierung. Bildung und Selektion im Erziehungssystem". In: Heinz – Elmar Tenorth (Hg.), *Allgemeine Bildung: Analysen zu ihrer Wirklichkeit, Versuche über ihre Zukunft.* Weinheim und München: Juventa, 154 – 182.

Luhmann, Niklas (1990): *Die Wissenschaft der Gesellschaft.* Frankfurt a. M: Suhrkamp.

Luhmann, Niklas (1992a): "Arbeitsteilung und Moral. Durkheims Theorie". In: Émile Durkheim, *Über soziale Arbeitsteilung.* Frankfurt a. M.: Suhrkamp, 19 – 38.

Luhmann, Niklas (1992b): *Beobachtungen der Moderne.* Opladen: Westdeutscher Verlag.

Luhmann, Niklas (1994): "Die Ehrlichkeit der Politiker und die höhere Amoralität der Politik". In: Peter Kemper (Hg.), *Opfer der Macht. Müssen Politiker ehrlich sein?* Frankfurt a. M.: Suhrkamp, 27 – 41.

Luhmann, Niklas (1995): "Was ist Kommunikation?" In: ders., *Soziologische Aufklärung Bd.* 6. Opladen: Westdeutscher Verlag, 113 – 124.

Luhmann, Niklas (1997): *Die Gesellschaft der Gesellschaft.* 2 Bände. Frankfurt a. M.: Suhrkamp.

Luhmann, Niklas (2000): *Die Politik der Gesellschaft. Frankfurt a.* M.: Suhrkamp.

Lukács, Georg (1919): *Die Theorie des Romans. Ein geschichtsphilosophischer Ver-*

*such über die Formen der großen Epik.* Neuwied und Darmstadt: Luchterhand 1962.

Lukes, Steven (1973): *Individualism.* Oxford: Blackwell.

Magnane, Georges (1964): *Sociologie du Sport.* Paris: Gallimard.

Mannheim, Karl (1935): *Mensch und Gesellschaft im Zeitalter des Umbruchs.* Leiden: A. W. Sijhoff, Neuauflage Darmstadt: Wissenschaftliche Buchgesellschaft 1958.

Markovits, Andrei S./Steven L. Hellerman (2002): *Im Abseits: Fußball in der amerikanischen Sportkultur.* Hamburg: Hamburger Edition.

Marshall, Gordon (Hg.) (1994): *The Concise Oxford Dictionary of Sociology.* Oxford und New York: Oxford University Press.

Mattenklott, Gerd (1983): *Der übersinnliche Leib. Beiträge zur Metaphysik des Körpers.* Reinbek bei Hamburg: Rowohlt.

Mead, George Herbert (1934): *Mind, Self and Society.* Chicago und London: University of Chicago Press.

Merton, Robert K. (1942): "The Normative Structure of Science". In: ders., *The Sociology of Science.* Chicago und London: University of Chicago Press 1973, 267 – 278.

Mills, C. Wright (1953): "Introduction to the Mentor Edition". In: Thorstein Veblen, *The Theory of the Leisure Class. An Economic Study of Institutions.* New York und Scarborough (erstmals New York: The Macmillan Company 1899), VI – XIX.

Mumford, Lewis (1934): *Technics and Civilization.* New York: Harcourt, Brace and Company.

Münch, Richard (1991): *Dialektik der Kommunikationsgesellschaft.* Frankfurt a. M.: Suhrkamp.

Münch, Richard (1995): *Dynamik der Kommunikationsgesellschaft.* Frankfurt a. M.: Suhrkamp.

Münch, Richard (2007): *Die akademische Elite. Zur sozialen Konstruktion wissen-*

*schaftlicher Exzellenz.* Frankfurt a. M. : Suhrkamp.

Münch, Richard (2009): *Globale Eliten, lokale Autoritäten. Bildung und Wissenschaft unter dem Regime von PISA*, McKinsey & Co. Frankfurt a. M. : Suhrkamp.

Murphy, Patrick/John Williams/Eric Dunning (1990): *Football on Trial.* London und New York: Routledge and Kegan Paul.

Norden, Gilbert/Otmar Weiss (1992): "Geschichte der österreichischen Sportsoziologie". In: *Österreichische Zeitschrift für Soziologie*, 17. Jg., Heft 4, 5 – 23.

Offe, Claus (1984): *Arbeitsgesellschaft.* Frankfurt a. M. : Campus.

Parry, Albert (1934): "Sports". In: *Encyclopedia of the Social Sciences.* Bd. 14, New York: Macmillan, 305 – 308.

Pilz, Gunter A. (Hg.) (1982): *Sport und Körperliche Gewalt.* Reinbek bei Hamburg: Rowohlt.

Pilz, Gunter A. (1994): "Sportsoziologie". In: Harald Kerber/Arnold Schmieder (Hg.), *Spezielle Soziologien. Problemfelder, Forschungsbereiche, Anwendungsorientierungen.* Reinbek bei Hamburg: Rowohlt, 443 – 455.

Planck, Karl (1898): *Fußlümmelei. Über Stauchballspiel und englische Krankheit.* Münster: LIT Verlag 1982.

Plessner, Helmuth (1952): "Soziologie des Sports. Stellung und Bedeutung des Sports in der modernen Gesellschaft". In: *Deutsche Universitätszeitung*, 7. Jg., Heft 22, 9 – 11 und Heft 23/24, 12 – 14.

Plessner, Helmuth (1956): "Die Funktion des Sports in der industriellen Gesellschaft". In: *Wissenschaft und Weltbild*, 9. Jg., 262 – 274.

Plessner, Helmuth (1967a): "Spiel und Sport". In: ders./Hans-Erhard Bock/Ommo Grupe (Hg.), *Sport und Leibeserziehung.* München: Piper 1975, 17 – 27 (Wiederabdruck der Artikel aus den Jahren 1952 und 1956).

Plessner, Helmuth (1967b): "Nachwort". In: ders./Hans-Erhard Bock/Ommo Grupe (Hg.), *Sport und Leibeserziehung.* München: Piper, 121 – 122, 4. Auflage München: Piper 1975.

Powers, Michael(1997): *The Audit Society.* Rituals of Verification. Oxford: University Press.

Prokop, Ulrike(1971): *Soziologie der Olympischen Spiele. Sport und Kapitalismus.* München: Carl Hanser.

Radkau, Joachim(1998): *Das Zeitalter der Nervosität. Deutschland zwischen Bismarck und Hitler.* Darmstadt: Wissenschaftliche Buchgesellschaft.

Riedl, Lars/Klaus Cachay(2007): "Sportwissenschaft und Schulsport: Trends und Orientierungen(8): Sportsoziologie". In: *Sportunterricht*, 56. Jg., Heft 12, 355 - 365.

Riess, Steven A. (1995): *Sport in Industrial America* 1850—1920. Wheeling, IL: Harlan Davidson.

Rigauer, Bero(1969): *Sport und Arbeit. Soziologische Zusammenhänge und ideologische Implikationen.* Frankfurt a. M.: Suhrkamp.

Rigauer, Bero(1979): *Warenstrukturelle Bedingungen leistungssportlichen Handelns. Ein Beitrag zur sportsoziologischen Theoriebildung.* Achenbach: Lollar.

Riordan, James(1976): "Sport in Soviet Society. Some Aspects of the Development of Sport in the USSR". In: *Stadion*, 2. Jg., 90 - 120.

Riordan, James(1977): "Political Functions of Soviet Sport. With Reference to Ritual and Ceremony". In: *Stadion*, 3. Jg., 148 - 172.

Risse, Heinz(1921): *Soziologie des Sports.* Berlin: Reher, Neuauflage Münster: LIT Verlag 1981.

Risse, Heinz(1984): *Der Diebstahl und andere Nachrichten aus der Soziologie des Sports, der Moral und der Sprache.* Vastorf: Merlin.

Rittner, Volker(1983): "Zur Soziologie Körperbetonter sozialer Systeme". In: *Sonderheft* 25 *der Kölner Zeitschrift für Soziologie und Sozialpsychologie*, hg. von Friedhelm Neidhardt. Opladen: Westdeutscher Verlag, 233 - 255.

Rittner, Volker(1984): "Körper und Sport". In: Klaus Carl/Heinz Mechling/Wulf Preising(Hg.), *Handbuch Sport. Wissenschaftliche Grundlagen von Unterricht und Training*, Bd. 2, Düsseldorf: Schwann, 607 - 620.

Rittner, Volker (1985): "Sport und Gesundheit. Zur Ausdifferenzierung des Gesundheitsmotivs". In: *Sportwissenschaft*, 15. Jg., Heft 2, 136 – 154.

Ritzer, Georg (1997): *Die McDonaldisierung der Gesellschaft.* Frankfurt a. M.: Fischer Verlag (erstmals 1993).

Sandow, Eugen (1904): *Kraft und wie man sie erlangt.* Berlin: Gustav Möckel. Reprint nach der Originalausgabe. Hannover: Verlag Th. Schäfer 1993.

Schimank, Uwe (1988): "Die Entwicklung des Sports zum gesellschaftlichen Teilsystem". In: Renate Mayntz, et al., *Differenzierung und Verselbständigung. Zur Entwicklung gesellschaftlicher Teilsysteme.* Frankfurt a. M.: Campus, 181 – 232.

Schimank, Uwe (1992): "Größenwachstum und soziale Schließung. Das Inklusionsdilemma des Breitensports". In: *Sportwissenschaft*, 22. Jg., Heft 1, 32 – 45.

Schimank, Uwe (2001a): "Die gesellschaftliche Entbehrlichkeit des Spitzensports und das Dopingproblem". In: Helmut Digel (Hg.), *Spitzensport: Chancen und Probleme.* Schorndorf: Hofmann, 12 – 25.

Schimank, Uwe (2001b): "Organisationsgesellschaft". In: Georg Kneer/Armin Nassehi/Markus Schroer (Hg.), *Klassische Gesellschaftsbegriffe der Soziologie.* München: Wilhelm Fink Verlag, 278 – 307.

Schimank, Uwe (2002): *Das zwiespältige Individuum. Zum Person-Gesellschaft-Arrangement der Moderne.* Opladen: Leske + Budrich.

Schimank, Uwe (2005a): "Der Vereinssport in der Organisationsgesellschaft: organisationssoziologische Perspektiven auf ein spannungsreiches Verhältnis". In: Thomas Alkemeyer/Bero Rigauer/Gabriele Sobiech (Hg.), *Organisationsentwicklungen und De-Institutionalisierungsprozesse im Sport.* Schorndorf: Hofmann, 21 – 44.

Schimank, Uwe (2005b): *Die Entscheidungsgesellschaft. Komplexität und Rationalität der Moderne.* Wiesbaden: Verlag für Sozialwissenschaften.

Schmidt, Robert (2002): *Pop-Sport-Kultur. Praxisformen Körperlicher Aufführungen.* Konstanz: UVK.

Schneider, Gerhard (1968): *Puritanismus und Leibesübungen*. Schorndorf: Hofmann.

Schöffler, Herbert (1935): *England, das Land des Sportes*. Reprint LIT Verlag. Münster 1986.

Schulze, Gerhard (1992): *Die Erlebnisgesellschaft. Kultursoziologie der Gegenwart*. Frankfurt a. M: Campus.

Schulze, Bernd (2005): *Sportarten als soziale Systeme. Ansätze einer Systemtheorie der Sportarten am Beispiel des Fußballs*. Münster: Waxmann.

Schwier, Jürgen (2000): *Sport als populäre Kultur. Sport, Medien und Cultural Studies*. Hamburg: Czwalina.

Schwier, Jürgen (Hg.) (2002): *Mediensport. Ein einführendes Handbuch*. Schorndorf: Schneider Verlag Hohengehren.

Serres, Michel (1981): *Der Parasit*. Frankfurt a. M.: Suhrkamp (erstmals Paris 1980).

Shermer, Michael (2001): *The Borderlands of Science. Where Sense meets Nonsense*. Oxford: University Press (besonders Kapitel 4: "Blood, Sweat and Fears: Racial Differences and What They Really Mean", ebd.: 80 – 96).

Simmel, Georg (1903): "Die Großstädte und das Geistesleben". In: ders., *Brücke und Tür. Essays des Philosophen zur Geschichte, Religion und Gesellschaft*. Im Verein mit Margarete Susmann, herausgegeben von Michael Landmann. Stuttgart: Duncker & Humblot 1957, 227 – 242.

Simmel, Georg (1908): *Soziologie. Untersuchungen über die Formen der Vergesellschaftung*. Berlin: Duncker & Humblot, 6. Auflage 1983.

Simmel, Georg (1917): "Das Gebiet der Soziologie". In: ders., *Individualismus der modernen Zeit und andere soziologische Ab handlungen*. Ausgewählt und mit einem Nachwort von Otthein Rammstedt. Frankfurt a. M.: Suhrkamp 2008, 7 – 28.

Simon, Fritz B. (1993): *Meine Psychose, mein Fahrrad und ich. Zur Selbstorganisation von Verrücktheit*. Heidelberg: Carl Auer.

Spencer, Herbert (1861): *Education: Intellectual, Moral und Physical.* London: Williams and Norgate.

Stammler, Rudolf (1906): *Wirtschaft und Recht nach der materialistischen Geschichtsauffassung. Eine sozialphilosophische Untersuchung.* Leipzig: Veith & Co, 2. verbesserte Auflage.

Steinitzer, Heinrich (1910): *Sport und Kultur. Mit besonderer Berücksichtigung des Bergsports.* München: Verlag der Deutschen Alpenzeitung.

Sterne, Laurence (1761): *The Life and Opinions of Tristram Shandy, Gentleman.* Oxford: University Press 1983.

Stichweh, Rudolf (1987): "Die Autopoiesis der Wissenschaft". In: Dirk Baecker/Jürgen Markowitz/Rudolf Stichweh/Hartmann Tyrell/Helmut Willke (Hg.), *Theorie als Passion. Niklas Luhmann zum* 60. *Geburtstag.* Frankfurt a. M.: Suhrkamp, 447 – 481.

Stichweh, Rudolf (1990): "Sport-Ausdifferenzierung, Funktion, Code". In: *Sportwissenschaft*, 20. Jg., Heft 4, 373 – 389.

Stichweh, Rudolf (1991): "Universitätsmitglieder als Fremde in spätmittelalterlichen und frühmodernen europäischen Gesellschaften". In: Marie Theres Fögen (Hg.), *Fremde der Gesellschaft. Historische und sozialwissenschaftliche Untersuchungen zur Differenzierung von Normalität und Fremdheit.* Frankfurt a. M.: Vittorio Klostermann, 169 – 191.

Stichweh, Rudolf (1994): "Bildung, Individualität und die kulturelle Legitimation von Spezialisierung". In: ders., *Wissenschaft, Universität, Professionen. Soziologische Analysen.* Frankfurt a. M: Suhrkamp, 207 – 227.

Stichweh, Rudolf (1995): "Sport und Moderne". In: Jürgen Hinsching/ Frederik Borkenhagen (Hg.), *Modernisierung und Sport.* Sankt Augustin: Richarz, 13 – 28.

Stichweh, Rudolf (2005): "Der Wettkampfsport und sein Publikum: Risikoverhalten und Selbstbegrenzung im modernen Hochleistungssport". In: ders., *Inklusion und Exklusion. Studien zur Gesellschaftstheorie.* Bielefeld: transcript,

113 – 129.

Stone, Gregory Prentice (1955): "American Sports: play and display". In: *Chicago Review*, 9. Jg., Heft 2, 83 – 100.

Stone, Gregory Prentice (Hg.) (1972): *Games, Sport and Power.* New Brunswick, NJ: transaction books.

Strenk, Andrew (1979): "What Prize Victory? The World of International Sports and Politics". In: *The Annals of the American Academy of Political and Social Science*, Bd. 445., Heft 1, 128 – 140.

Sutton-Smith, Brian (1972): *The Folkgames of Children.* Austin und London: University of Texas Press.

Sutton-Smith, Brian (1978): *Dialektik des Spiels. Eine Theorie des Spiels, der Spiele und des Sports.* Schorndorf: Hofmann.

Taylor, Trevor (1988): "Sport and World Politics: Functionalism and the State System". In: *International Journal*, 43. Jg., 551 – 553.

Teubner, Gunther/Helmut Willke (1984): "Kontext und Autonomie: Gesellschaftliche Selbststeuerung durch reflexives Recht". In: *Zeitschrift für Rechtssoziologie*, 5. Jg., Heft 1, 4 – 35.

Thiel, Ansgar (1997): *Steuerung im organisierten Sport. Ansätze und Perspektiven.* Stuttgart: Naglschmid.

Thiel, Ansgar (2002): *Konflikte in Sportspielmannschaften des Spitzensports. Entstehung und Management.* Schorndorf: Hofmann.

Thomas, William I./Dorothy Swaine Thomas (1928): *The Child in America.* New York: Knopf.

Thomas, Raymond (1987): "Naissance, evolution et état actuel de la sociologie du sport". In: Thomas Raymond/Antoine Haumont/ Jean-Louis Levet, *Sociologie du sport.* Paris: Presses Universitaires de France, 15 – 62.

Thoreau, Henry David (1854): *Walden; or, Life in the Woods.* Boston: Ticknor and Fields.

Triplett, Norman (1898): "The dynamogenic factors of pacemaking and competition". In: *American Journal of Psychology*, 9. Jg., Heft 4, 507 – 533.

Touraine, Alain (1995): *Critique of Modernity*. Oxford: Blackwell.

Tyler, Edward Burnett (1879): "The History of Games". In: *The Forthnightly Review*. London: Chapman and Hall, Jan. 1 – June 1, 735 – 747. Wiederabgedruckt in: Elliott M. Avedon/Brian Sut ton-Smith (Hg.), *The Study of Games*. New York: John Wiley and Sons, 63 – 93.

Tyler, Edward Burnett (1896): "On American Lot-Games, as Evidence of Asiatic Intercourse Before the Time of Columbus". In: *Supplement to International Archives for Ethnographie*, 9, 56 – 66. Wiederabgedruckt in: Elliott M. Avedon/Brian Sutton-Smith (Hg.), *The Study of Games*. New York: John Wiley and Sons, 77 – 93.

Tyrell, Hartmann (1978): "Anfragen an die Theorie der gesellschaftlichen Differenzierung". In: *Zeitschrift für Soziologie*, 7. Jg., 175 – 193.

Veblen, Thorstein (1899): *The Theory of the Leisure Class. An Economic Study of Institutions*. New York: The Macmillan Company (zitiert nach der Mentor Ausgabe von 1953).

Vennum, Thomas (1994): *American Indian Lacrosse. Little Brother of War*. Washington: Smithsonian Press.

Vierkandt, Alfred (1931): "Sittlichkeit". In: ders. (Hg.), *Handwörterbuch der Soziologie*. Stuttgart: Enke, 533 – 545.

Vinnai, Gerhard (1970): *Fußballsport als Ideologie*. Frankfurt a. M.: Europäische Verlagsgesellschaft.

Vinnai, Gerhard (Hg.) (1972): *Sport in der Klassengesellschaft*. Frankfurt a. M.: Fischer.

Voigt, Dieter (1975): *Soziologie in der DDR*. Köln: Verlag Wissenschaft und Politik.

Voigt, Dieter (1992): *Sportsoziologie, Soziologie des Sports*. Frankfurt a. M. und Aarau: Diesterweg.

Voigt, Dieter/Frank Thieme (1993): "Zum Entwicklungsstand der Sportsoziologie in Deutschland". In: *Soziologie*, Heft 2, 129 – 139.

vom Stein, Artur (1988): *Massenmedien und Spitzensport. Theoretische Konkretisierungen und ausgewählte empirische Analyse von Wirkungen der Mediensportrealität auf den Spitzensport in der Bundesrepublik Deutschland.* Frankfurt a. M.: Lang.

von Foerster, Heinz, 1993: "Gegenstände: greifbare Symbole für (Eigen-) Verhalten". In: ders., *Wissen und Gewissen.* Frankfurt a. M.: Suhrkamp, 103 – 115.

von Krockow, Christian (1974): *Sport. Eine Soziologie und Philosophie des Leistungsprinzips.* Hamburg: Hoffmann und Campe.

von Krockow, Christian (1982): *Sport und Industriegesellschaft.* München: Piper.

Wacquant, Loïc (2003): *Leben für den Ring. Boxen im amerikanischen Ghetto.* Konstanz: UVK.

Wagg, Stephen/David L. Andrews (Hg.) (2007): *East plays West. Sport and the Cold War.* London und New York: Routledge.

Weber, Max (1904): "Die Objektivität sozialwissenschaftlicher und sozialpolitischer Erkenntnis". In: ders., *Gesammelte Aufsätze zur Wissenschaftslehre*, herausgegeben von Johannes Winckelmann. Tübingen: Mohr 1988, 146 – 214.

Weber, Max (1917): "Der Sinn der 'Wertfreiheit' der soziologischen undökonomischen Wissenschaften". In: ders., *Gesammelte Aufsätze zur Wissenschaftslehre*, herausgegeben von Johannes Winckelmann. Tübingen: Mohr 1988, 489 – 540.

Weber, Max (1920): *Gesammelte Aufsätze zur Religionssoziologie I*, herausgegeben von Johannes Winckelmann. Tübingen: Mohr 1988.

Weber, Max (1922a): *Aufsätze zur Wissenschaftslehre.* Tübingen: Mohr, 8. Auflage. Tübingen: Mohr 1988.

Weber, Max (1922b): *Wirtschaft und Gesellschaft.* Tübingen: Mohr, 5. revidierte Auflage, besorgt von Johannes Winckelmann, Tübingen: Siebeck.

Weule, Karl(1926): "Ethnologie des Sports. Der Sport der Naturund Urvölker. Exotische Sports". In: Gustav Adolf Erich Bogeng(Hg.), *Geschichte des Sports aller Völker und Zeiten*. Leipzig: E. A. Seemann, 1 – 40.

Weyh, Florian Felix(1999): *Die ferne Haut. Wider die Berührungsangst*. Berlin: Aufbau Verlag.

Willke, Helmut(1982): *Systemtheorie* Ⅰ: *Grundlagen*. Stuttgart: Lucius & Lucius.

Willke, Helmut(1994): *Systemtheorie* Ⅱ: *Interventionstheorie*. Stuttgart: Lucius & Lucius.

Willke, Helmut(1995): *Systemtheorie* Ⅲ: *Steuerungstheorie*. Stuttgart: Lucius & Lucius.

Willke, Helmut(1997): *Supervision des Staates*. Frankfurt a. M.: Suhrkamp.

Willke, Helmut(1998): *Systemisches Wissensmanagement*. Stuttgart: Lucius & Lucius.

Winter, Rainer/Lothar Mikos(Hg.)(2001): *Die Fabrikation des Populären. Der John Fiske-Reader*. Bielefeld: transcript.

Wohl, Andrzej(1979): *Soziologie des Sports*. Berlin: Sportverlag.

Wrong, Dennis H.(1961): "The Oversocialized Conception of Man in Modern Sociology". In: *American Sociological Review*, 26. Jg., 183 – 193.

Zijderveld, Anton C.(1970): *The Abstract Society. A Cultural Analysis of our Time*. Harmondsworth: Penguin 1974.